人生大学讲堂书系

U0670054

人生大学榜样讲堂

文韬武略的沙场人生

WENTAO WULUE DE
SHACHANG RENSHENG

拾月 主编

主　编：拾　月

副主编：王洪锋　卢丽艳

编　委：张　帅　车　坤　丁　辉
　　　　李　丹　贾宇墨

吉林出版集团股份有限公司

全国百佳图书出版单位

图书在版编目（CIP）数据

文韬武略的沙场人生 / 拾月主编 -- 长春：吉林出版集团股份有限公司，2016.2（2022.4重印）

（人生大学讲堂书系）

ISBN 978-7-5581-0731-3

Ⅰ．①文… Ⅱ．①拾… Ⅲ．①军事家－生平事迹－世界－青少年读物 Ⅳ．①K815.2-49

中国版本图书馆CIP数据核字（2016）第041357号

WENTAO WULUE DE SHACHANG RENSHENG

文韬武略的沙场人生

主　　编	拾　月
副 主 编	王洪锋　卢丽艳
责任编辑	杨亚仙
装帧设计	刘美丽

出　　版	吉林出版集团股份有限公司
发　　行	吉林出版集团社科图书有限公司
地　　址	吉林省长春市南关区福祉大路5788号　邮编：130118
印　　刷	鸿鹄（唐山）印务有限公司
电　　话	0431-81629712（总编办）　0431-81629729（营销中心）
抖 音 号	吉林出版集团社科图书有限公司　37009026326

开　　本	710 mm×1000 mm　1 / 16
印　　张	12
字　　数	200千字
版　　次	2016年3月第1版
印　　次	2022年4月第2次印刷

书　　号	ISBN 978-7-5581-0731-3
定　　价	36.00元

如有印装质量问题，请与市场营销中心联系调换。0431-81629729

"人生大学讲堂书系" 总前言

昙花一现，把耀眼的美只定格在了一瞬间，无数的努力、无数的付出只为这一个宁静的夜晚；蚕蛹在无数个黑夜中默默地等待，只为了有朝一日破茧成蝶，完成生命的飞跃。人生也一样，短暂却也耀眼。

每一个生命的诞生，都如摊开一张崭新的图画。岁月的年轮在四季的脚步中增长，生命在一呼一吸间得到升华。随着时间的推移，我们渐渐成长，对人生有了更深刻的认识：人的一生原来一直都在不停地学习。学习说话、学习走路、学习知识、学习为人处世……"活到老，学到老"远不是说说那么简单。

有梦就去追，永远不会觉得累。——假若你是一棵小草，即使没有花儿的艳丽，大树的强壮，但是你却可以为大地穿上美丽的外衣。假若你是一条无名的小溪，即使没有大海的浩瀚，大江的奔腾，但是你可以汇成浩浩荡荡的江河。人生也是如此，即使你是一个不出众的人，但只要你不断学习，坚持不懈，就一定会有流光溢彩之日。邓小平曾经说过："我没有上过大学，但我一向认为，从我出生那天起，就在上着人生这所大学。它没有毕业的一天，直到去见上帝。"

人生在世，需要目标、追求与奋斗；需要尝尽苦辣酸甜；需要在失败后汲取经验。俗话说，"不经历风雨，怎能见彩虹"，人生注定要九转曲折，没有谁的一生是一帆风顺的。生命中每一个挫折的降临，都是命运驱使你重新开始的机会，让你有朝一日苦尽甘来。每个人都曾遭受过打击与嘲讽，但人生都会有收获时节，你最终还是会奏响生命的乐章，唱出自己最美妙的歌！

正所谓，"失败是成功之母"。在漫长的成长路途中，我们都会经历无数次磨炼。但是，我们不能气馁，不能向失败认输。那样的话，就等于抛弃了自己。我们应该一往无前，怀着必胜的信念，迎接成功那一刻的辉煌……

感悟人生，我们应该懂得面对，这样人生才不会失去勇气……

感悟人生，我们应该知道乐观，这样生活才不会失去希望……

感悟人生，我们应该学会智慧，这样在社会上才不会迷失……

本套"人生大学讲堂书系"分别从"人生大学活法讲堂""人生大学名人讲堂""人生大学榜样讲堂""人生大学知识讲堂"四个方面，以人生的真知灼见去诠释人生大学这个主题的寓意和内涵，让每个人都能够读完"人生的大学"，成为一名"人生大学"的优等生，使每个人都能够创造出生命中的辉煌，让人生之花耀眼绚丽地绽放！

作为新时代的青年人，终究要登上人生大学的顶峰，打造自己的一片蓝天，像雄鹰一样展翅翱翔！

人生大学榜样讲堂丛书前言

生命如夏花般多彩绚丽，生活如山峦般催人攀登。历史的钟声在新世纪的节奏中激荡，成功的号角为有准备的人而吹响，稚嫩的新苗还需要汲取更多的阳光雨露，而榜样，正是新时代青年成长的指引，积聚力量的源泉。

时光暗淡了岁月的影子，却定格了幸福的记忆；历史风华了沧桑的背影，却铭记了伟人的足迹；时代没有挽留踟蹰的过去，却留住了奋进的力量。面对挑战，面对希望，面对成功，每一个饱含激情的青少年都会跳动着时代的最强音符，释放出自己的全部能量。但在很多时候，智者的提醒，成功者的引导，都会成为我们前进道路上的捷径。因他们曾经用一往无前的坚持丈量出生命的高度，用自身的人格魅力传播着人生的正能量，用锲而不舍的努力奏响了时代的最强音。因为他们满怀美好，积聚力量，从未停下奋斗的脚步……

榜样，如夜空中璀璨的群星，照亮我们前行的方向。榜样的力量是无穷的，以成功人士为榜样，可以找准人生的方向，收获成长的力量；榜样的力量是无穷的，古往今来，人类历史上涌现出了众多的成功人士，他们或睿智通达，或坚忍不拔，或矢志不渝，或勇于任事……这些成功人士犹如历史长河中的一颗颗明珠，绽放出绚烂夺目的光彩。

假如你的成长中缺少了你可以学习的榜样，一路上只有你自己摸索前行，生命该是怎样的艰辛困苦。父母给予生命，老师传授知识，榜样赋予理想。我们已经拥有了生命，掌握了一部分的知识，剩下的就是找一个敦促我们为理想前进的榜样，来填补成长的空白，培养健康的身心。

培根说过这样一句话："读史使人明智。"而历史，恰恰是由千千万万个杰出历史人物凝聚而成的。他们是某一个时代的骄傲，是一个民族的杰出灵魂。他们在自己的领域最大限度地发挥自己的灵性，守护着自己的理想，他们的名字将永远写在历史上……

因此，对于青少年来说，向榜样看齐不仅能够增长知识、了解历史、陶冶情操，还可以汲取这些成功人士身上的优秀品质，使自己变得睿智。尤为重要的是，当我们走近名人，感受他们的心跳，感受他们的高尚情操，感受他们永恒的精神力量时，你会在无形中重塑崭新的自我，让自己的意志更加顽强坚定、精神更加无私高尚、思想更加成熟出众。

很多当代思想家、教育家也都一致肯定，通过学习阅读人物传记，可以使青少年收获一个虚拟的"老师"和一个虚拟的"偶像"。这个"老师"可以扩展青少年的眼界、塑造青少年的心灵；而这个"偶像"可以引导青少年向名人学习，从而约束或改正自己的不良行为和不良嗜好……最终让青少年重新认识并规划自己的人生：激励自己，成长自己，升华自己！

本套《人生大学榜样讲堂》系列丛书包括《耀世名人的榜样力量》《时代先驱的求索道路》《文韬武略的沙场人生》《心灵导师的智慧人生》《文艺大师的情操风范》《科学巨擘的人生贡献》《医界英才的济世传奇》《探索英雄的传奇故事》《财富精英的创富密码》《精神领袖的人生坐标》10本书，精选在各个领域中颇具代表性的成功人士的成长故事，为青少年的成长提供精神的营养、榜样的启迪。通过阅读《人生大学榜样讲堂》系列丛书，青少年不仅可以开阔眼界、增长见闻，还可以从榜样的经历中汲取拼搏的激情，领悟人生的真谛。本套丛书将每个榜样人物深刻地解读，字字值得品味，篇篇引人思索，让读者与书籍进行一次心灵的对话。读榜样故事，与大师交流，那些成功人士将指引你把握命运，点亮你智慧的火种，指引你前进的方向，激励你奋进的步伐，成就你美好的未来！

第1章　运筹帷幄 决胜千里——规划决胜人生

第2章　斩钉截铁，当机立断——果断把握人生

目录
Contents

第 7 章　打破常规，扭转乾坤——创新突破人生

第1章

运筹帷幄 决胜千里——规划决胜人生

人生规划，就好比远航的舵手，时刻把握着人生的方向，让你在人生的大海上不会迷失方向。拥有了好的规划，在困境中、在迷茫时，都能让你迅速重拾信心，甚至点亮你人生的希望。

第一节　花甲之年志犹在
——姜尚

人物简介：

姜尚，后周文王赐姓吕氏，名尚，一名望，字子牙，别号飞熊。他是历史上具有传奇性的人物之一，先后辅佐六位周王，所以齐国始祖称他"太公望"，后称姜太公。在西周初年，周文王封其为"太师"，被尊为"师尚父"和"谋圣"，辅佐文王，与谋"翦商"。他是齐国文化的创始人、奠基者；周文王倾商、武王克殷的首席谋主，也是最高军事统帅与西周的开国元勋，更是中国古代影响深远的杰出的韬略家、军事家与政治家。在历代典籍中，公认他的历史地位，儒、道、法、兵、纵横诸家皆追他为本家人物，所以，姜子牙也被尊为"百家宗师"。

稳坐钓鱼台

提到姜子牙，相信大家并不陌生，无论是在小说《封神演义》之中的神机妙算，还是历史典故"姜太公钓鱼"，让姜子牙成为家喻户晓的历史人物。然而，姜子牙真正走上历史舞台的时刻，或者说他开始发挥出自己的才能的时候，却已经是一位暮年老者。他是典型的大器晚成者，但这也是他对自己人生的一个规划。无论从他的出世，再到后来他对整个历史、道家的影响，都和他本身的阅历是分不开的。

相传，姜子牙的祖先是名门贵族，在舜时做官，因为功绩显著被封于吕（也就是现在河南南阳）。后来因为种种原因家道中落，等到姜子牙出生之后，他的家庭早已风光不再，沦为贫民。

为维持生计，姜尚也曾经尝试过很多其他营生——年轻时，他曾在商都朝歌（即现在的河南淇县）做过屠夫、卖过牛肉，后来又跑到孟津（河南的孟津县东北地区）做过酒水生意。尽管在现实面前他被迫选择了自己并不喜欢的营生，但是他却从来都没有放弃过，即使贫寒，但他依旧胸怀天下、勤奋学习，始终不倦地研究、探讨治国兴邦之道，就是希望有朝一日能够大展宏图，为国效力。

但是他这个愿望却数十年来都没能如愿，商纣王的残暴政权让他日渐心灰意冷。那段时间，是姜子牙最郁闷的时期，他一直盼望能够凭借自己的能力改变这个局势，但是昏君当道，让他看不到任何希望。在这种情况下，他选择了退隐，直到暮年，终于遇到了施展才华的机会。

此时，这个曾经被称为"东方大国"的殷商王朝走向衰亡。由于殷纣王暴虐无道、荒淫无度、朝政腐败，导致整个时代经济崩溃、社会黑暗、民不聊生、怨声载道。每到这个时候，总会有人因为无法忍受而揭竿起义。在这个时期，西周的西伯姬昌（后为周文王）成为"救世主"，他倡行仁政，发展经济，实行勤俭立国和裕民政策，致使社会清明，人心安定，国势日益强大起来。天下的民众都非常希望西周能够结束商朝，取而代之，甚至连周围其他的诸侯都公开支持西周。

尽管姜子牙已经退隐了，但是对外界的信息他却了如指掌，听闻西周日益壮大，而姬昌为了治国兴邦，正在广求天下贤能之士。姜子牙知道，这是自己出世的最佳机缘。

他离开商朝，来到了渭水之滨的西周领地，并且在磻溪这个地方定居下来，终日以垂钓为事，以静观世态的变化，待机出山。

有一天，姜子牙照旧在磻溪钓鱼，恰好就遇到了来这里打猎的西伯姬昌。姬昌看到这个老者坐在江边垂钓，但是却用没有鱼饵的直钩，心里非常好奇。他下了马走到姜子牙身边，和他攀谈起来。其实这是姜子牙故意为之，在古代，很多有才之士对待奇人都非常尊敬，尤其是帝王，所以姜子牙正是利用了姬昌的这种心思。

姬昌通过和姜子牙攀谈之后发现，此人学识渊博，通晓历史和时势，是个不可多得的军师，便非常恭敬地请教他治国兴邦之道。姜子牙捋着胡子说："一曰君以举贤为常，二曰官以任贤为常，三曰士以敬贤为常。"这也就是历史上有名的"三常之说"，意思就是要治国兴邦，必须以贤为本，重视发掘、使用人才。

姬昌听闻之后，立刻拱手抱拳，尊敬地说："您就是那位圣人吧？我盼望先生的辅佐已经很久了！"说着，他就亲自将姜子牙搀扶上辇车，一起回了宫。后来也有了那句著名的歇后语——"姜太公钓鱼—愿者上钩"。

其实，在姬昌遇到姜子牙之前，姜子牙也做了一些事情，姬昌到这里并非真的只是巧遇，在此之前，姜子牙故意用直钩坐在江边钓鱼，让其他百姓看到。很多百姓并不了解其中的秘密，都将此事当作奇闻传播开来，自然就有人前去告知姬昌这个奇怪的人和他所做的奇怪的事。可见，姜子牙来到西周这个决定并非一时冲动，对于自己今后的道路，他已经有了一个详细的规划。

纵观历史，有很多人物都是大器晚成，比如"三顾茅庐"的诸葛亮，比如汉高祖刘邦，再比如年至花甲方才出山的姜子牙。如果没有远大的抱负，年过花甲的姜子牙断然不会舍弃安稳的晚年，但是为国为民，姜子牙通过自己的才能，做出了非凡的成就，这也是他最终赢得天下人尊敬的根本原因。

任何一个成功的人，在自己的心里都有一个非常翔实的规划，或许因为一些现实因素在短期内无法实现，但是理想却并不会因此而停下脚步。姜子牙在出世之前，从未放弃过自己的抱负，也从未因此而消磨了斗志，在他心里，这段时间只是一种蛰伏，是他韬光养晦的大好时光。

半生坎坷　半生辉煌　终成传奇

在后世人眼中，姜子牙是一个拥有绝对智慧的智者，甚至被神化成为拥有未卜先知的能力。当然，这些都是因为神话小说《封神演义》在人们心中留下太过深刻的印象。那么在历史上，姜子牙到底是怎样的一个人物呢？

可以非常肯定地说，他是一位满腹韬略的贤臣和非凡的政治、军事家，一直受历代统治者崇尚。比如唐太宗李世民，他曾经在外夷相侵、内患未除、政局动乱，国家面临着百乱待治、百废待兴的情况下，做了一件惊人的举措——自称是姜子牙的化身。当然这不过是为了达到"安人理国"的目的，并且在磻溪建立太公庙，他用这一举动告诉人们，他要像周文王访贤并重用姜子牙那样的贤臣良将。后来，他果然得到了一大批治世理国的人才，终于实现了"贞观之治"的辉煌；而唐玄宗则是在公元731年敕令天下诸州各建一所太公庙，同样也是为了昭告天下，他需要姜子牙那样披肝沥胆、呕心沥血、忠贞不贰的人才，并且要求，每当发兵出师或各将领及文武举人应诏，都要先去太公庙拜谒。到了公元739年唐玄宗追谥姜子牙为"武成王"，成为中华民族"武"圣人。公元1072年宋神宗为抵御入侵，下令要求各军事将领必读《太公六韬》。这些都证明，在中国古代，姜子牙是历朝历代君主心中的能臣，这也是对姜子牙能力的另一种肯定。

在历史上，姜子牙更是一位非常了不起的军事家，他的代表著作《太公六韬》被后人称为兵家权谋思想的始祖。中国古代的兵书、兵法、兵论、战策、战术等等这一系列的军事理论学说，就最早开端、发展、形成体系、构成学说来说，都始自齐国，源自太公，所以说太公为兵家宗师、齐国兵圣、中国武祖是当之无愧的。

纵观姜子牙的一生，他经历了很多坎坷，却在乱世之中完成了自己心中的梦想——顺应时势，助周讨商。无论从军事、政治，还是在经济思想等方面，姜太公都有卓越贡献，成为中国历史上一位全智全能的人物，同时也是中国神坛上一位居众神之上的神主。

他前半生寒微，择主不遇，这对于任何一个满心抱负的人都是一种打击，甚至有人因此产生了怀才不遇的愤慨，可是姜子牙却没有如此。在困境面前，他能动心忍性，观察风云，等待时机，最后终于遇到明主，辅佐姬昌，开创宏图大业。周武王伐纣，姜子牙为军师，主持牧野大战，灭商盛周，成为头等功臣。后来周初分封，姜子牙被封为齐国君主，通过自己的才能，创建了泱泱大国，为后来的齐桓公"九合诸侯，一匡天下成为五霸之首"奠定了基础。

姜子牙用他自己的行动证明了理想能够带给人的无穷动力以及前进的方向，这也正是我们这一代年轻人所需要学习的精神。对待自己的理想，不抛弃、不放弃，持之以恒，方能抵达成功的彼岸。

第二节　赏不逾日，罚不还面
——孙膑

人物简介：

孙膑，"兵圣"孙武的后代，原名不详，因为受到了庞涓的迫害，遭受膑刑，因此史称孙膑。在历史上，他是拥有重要地位的著名军事家，军事才华被后人推崇备至，比如，唐德宗时期，孙膑和其他历史上六十三位战功卓著的武将被供奉于武成王庙内，被称为"武成王庙六十四将"；宋徽宗时期，曾追尊孙膑为"武清伯"，位列宋武庙七十二将之一。

闲云野鹤遭受膑刑之苦

孙膑和庞涓都是纵横家鬼谷子的学生，他们先后拜鬼谷子为师，学习兵法。在学习的期间，两个人结为兄弟，孙膑稍年长，为兄，庞涓为弟。孙膑非常聪明，深得鬼谷子的喜欢。但很快，庞涓就觉得在山上学习的日子太苦了，再加上他有些自大地认为自己已经学业精湛，出了山他就能够成为辅佐君王的能人，于是他便下山投靠了魏国，谋求富贵。

很快，就有人对魏王说，其实鬼谷子真正有才华的学生并非庞涓，而是孙膑，他的才华远在庞涓之上，如果魏王能够请他出山，那才是魏国的幸运。魏王一听，便叫来庞涓问他孙膑的情况。庞涓就告诉魏王，孙膑正是自己的结拜兄弟，但是他闲云野鹤惯了，自己也正在想怎么能把自家兄弟叫来一起效命于魏国。

魏王一听，对庞涓大加赞赏，让他代表自己去请孙膑出山。后来，庞涓就通过鬼谷子劝说孙膑出山。其实庞涓非常害怕孙膑，他早就听闻，在自己下山之后，孙膑得到了鬼谷子的真传，在学识才能方面早就高出一筹，生怕孙膑抢走了魏王对自己的重视。所以他假意表现出自己和孙膑的友谊，让别人都不会怀疑他。

孙膑来到魏国之后，魏王见他果然如同传闻中所说的那样富有才华，便对他委以重任。但是这样的重视让庞涓心急如焚，很快他便想到了一个计策陷害孙膑。

孙膑并非是魏国人，他的老家原本在齐国，但因为种种原因亲人都过世了，庞涓让自己的心腹冒充是孙膑的亲戚，写了一封信，希望孙膑有时间回老家祭拜祖先，孙膑回信道，现在他在魏国效命，现阶段很难抽出时间回家，但自己对祖先的敬畏之情并不因此而减少，等到自己老了，定当回归故里。庞涓拿到这封回信之后，模仿着孙膑的笔迹涂涂抹抹，修改一番，将回信的内容改成虽然自己在魏国效命，但是心却一直在老家并没有改变，等自己这边办妥之后，定当回归故里效命。

魏王看到这封回信之后非常生气，便下令将孙膑处以膑刑，即剜去膝盖骨，让孙膑成为废人。此时，孙膑并未怀疑是庞涓所为，而庞涓为了得到鬼谷子单传给孙膑的兵法，也假意对他照顾有加。但是他的这种行为让当初向魏王推荐孙膑的人看不过眼，这个人就是大名鼎鼎的墨子墨翟，他利用一个机会告诉了孙膑，这一切都是庞涓所为。孙膑万万没有想到，原来这一切都是自己的结拜兄弟所陷害。万般无奈之下，他只有装疯卖傻逃过此劫。

起初，生性多疑的庞涓并不相信，他命令下人，时时刻刻向他汇报孙膑的行踪，为了试探他，下人把孙膑关在猪圈里，看着孙膑撒泼打滚，甚至跑到泔水桶里吃猪食。直到这时，庞涓才相信，孙膑是真的疯了。就在他放松警惕的时候，墨子和齐国大将田忌趁机将孙膑救出，送往了齐国。

孙膑惨遭膑刑之苦，在他最年富力强的时候，成了一个废人，这一度让他非常痛苦，在装疯卖傻时期，他曾多次号啕大哭，大喊："鬼谷老师救我！"然而，孙膑并没有放弃，到了齐国之后，他便成了田忌的门客，后又被齐威王任命为军师。在这里，孙膑充分发挥了自己的才能，不仅助齐国完成霸业，同时也在战场上战胜了庞涓，一血耻辱。孙膑的成功所依靠的就是自己的军事才能和军事远见。

其实，从孙膑跟随鬼谷子学习、第一次拒绝出山，再到追随魏王，我们就能看出，孙膑对于自己的人生有着非常清晰的规划。和庞涓不同，高官厚禄无法动摇他求学的坚定决心，由此可见，他对自己的未来有非常明确的打算。我们在努力的道路上，总会遇到很多个十字路口，其中也不乏种种诱惑，只有我们内心坚定理想，确定自己的人生规划，才能不乱了自己的步伐，姜子牙如此、孙膑如此，到了现在，我们也能如此。

军事奇才创造卓越战功

在前文中我们说到，孙膑在追随鬼谷子学习的时候，非常刻苦，掌握了恩师传授的所有知识，再加上他自己的钻研，终于形成了孙膑的军事奇才。他的才能全部体现在著作《孙膑兵法》（又名《齐孙子》）之中。尽管他是一位非常出色的军事家，可是在他的内心中却渴望和平，从来都不主张战争，始终强调国家应重视自己的武力建设，这种建设只是国家政治生活中解决问题的一种重要手段，绝非侵略他国的资本。他认为，只有以强有力的武力作为保障，才能够使国家安定、富强。但这并不是说让战争成为国家的主导，长治久安才是一个国家的根本。孙膑的这种观点，即便是现在，也都是非常正确的。

而在战争认识论方面，孙膑提出将领要知"道"——这里的"道"，指的是战争的规律，在作战的时候，人众、粮草、武器精良度这些虽然是战争中必备的环节，但并不能成为绝对制胜的把握，只有掌握了战争的规律，了解敌我双方情况，指挥得当，才能保证取胜。

公元前 342 年，魏国突然发力，围攻韩国。这已经不是第一次了，早在这次战役之前，他们也曾经出手攻打韩国，但因为齐国发兵相救而败北，史称"桂陵之战"。这一次，他们再次重演历史，企图吞并韩国。

危难时刻，韩国韩昭侯连忙派使者赶到齐国求救，希望齐国能够出手，帮助他们抵挡魏国的军队。齐威王立刻召集文武百官，商量是否出兵。庙堂上形成了两个非常明显的阵营——张丐等官员认为如果齐国延迟发兵救韩，韩国势单力薄，很有可能转而投靠魏国，这样一来，魏国坐大反而对齐国非常不利，不如早救韩国，从而确保齐国的和平；而田忌则说现在韩、魏双方的兵力还没有疲惫，齐国就轻易出兵，这是非常危险的一个举动，因为这等于代替韩国军队遭受魏国的攻打，反而会受制于韩国，倒不如等到韩、魏的军队都已疲惫再发兵，这样做不仅让韩国欠我们一个大人情，而且还能给予魏国一个重创。

齐威王知道，这个计谋虽然是田忌说出来的，但一定是孙膑出谋划策，便同意了这个方案。他派使者秘密与韩国使者达成协议，并没有立即派出援军援助韩国。没过多久，魏国和韩国在战场上交战，由于实力相差悬殊，韩国很快便遭遇了五连败，被魏国逼到了生死边缘。此时，齐威王派田忌、田盼为主将，田婴为副将，孙膑为军师，率军援助韩国。

孙膑知道，现在魏国的主将正是庞涓，从一起和鬼谷子老师学习的时候，他就非常了解庞涓这个人的心思狭隘、好大喜功。于是他决定采用"围魏救赵"的战术，派人去袭击魏国的首都大梁。果不其然，庞涓在得知这个消息之后，立刻率军赶往魏国，可等到他回到魏国之后，却没有看到齐国的军队。好大喜功的他认定，一定是齐国军队怕了他的威名。孙膑又下令让部队刻意做戏——第一天在自己的营房摆上10万个做饭的灶台、第二天摆5万个、第三天摆3万个……庞涓看到这个场景，就认定齐国军队已经惧怕魏军了，现在肯定是军心涣散，只想着怎么逃跑。于是他下令所有大军去追，一定要将齐军杀个片甲不留。

　　孙膑将自己的军队埋伏在马陵道，这里地势险峻，道路狭窄，正是伏击的好地点，他下令让士兵砍去大树的树皮，露出白木，在树上写上"庞涓死于此树之下"，然后命令 1 万名弓弩手埋伏在马陵道两旁，并且告诉他们，"天黑时在此处看到有火光就万箭齐发"。

　　果然，天黑之后，远处传来了马蹄奔跑的声音，孙膑知道，那就是庞涓率领的魏军。当庞涓来到马陵道之后，立刻注意到了被砍去树皮的大树，他拿着火把上前查看，还未等他看完，只听周围一阵骚动，数万只弓箭齐发，突遭围剿的魏军大乱。

　　此次战争，歼灭魏军 10 万人，俘虏魏国主将太子申，庞涓身亡。经此一战魏国元气大伤，失去霸主地位，而齐国则称霸东方。

　　除了在战场上能够利用自己的军事才能之外，更重要的，还有那本流传于世的《孙膑兵法》，在这本书里，充分体现了孙膑对于战略、战争多方面的思想。他始终都强调"必攻不守"，尤其是在敌众我寡、敌强我弱的情况下，有很多人都会采用保守的策略，但孙膑却认为，这是兵家大忌，应该积极主动地进攻敌人防守的薄弱环节，这样不仅能够有效地歼灭敌人的有生力量，而且能够转换攻守形势，掌握战争的主动权。

　　而且孙膑主张，在对待将领和士兵时，君主也要注意几点问题——首先，也是最关健的一点，将领必须忠于君主，君主不应该干涉将领的具体军务，将领要有独立的军事指挥权；其次，将领应当具备义、仁、德、信、智五个要素；最后，他就管理队伍的问题进行了论述，可以概括为任用贤能、严明纪律、奖惩公平、赏罚及时。他的这个观点，不仅极大程度上融合了军队的团结性，也让军队在作战时期增加了默契。

　　孙膑之所以能成为历史上著名的军事家，除了他本身具备这种军事才能之外，还需要一颗坚定的心，尤其是在遭遇了"膑刑之苦"以后，他并没有自暴自弃，并且最终两次击败庞涓，得以报仇。同时他这种身残志坚的精神也得到了后世的称赞。

当然，孙膑能够在经历了巨大痛苦之后，仍然不自暴自弃，一方面是因为他强大的内心，另一方面就要归功于他对自己人生的规划——自从他追随了鬼谷子之后，就一直在心中树立了一个理想和目标，所以在庞涓下山的时候，他自认为自己尚未学精，故不出山，等到庞涓再次请他出山的时候，他也不愿意。这都说明他对自己的未来有一个翔实的规划，并不希望有变故能影响到。虽然后来他听从了鬼谷子恩师的教诲，提前下山，但也就此埋下祸根。

人在绝望的时刻，要么就此颓废下去，要么能够"置之死地而后生"，显然孙膑选择了后者。尽管他遭遇了这场飞来横祸，但为了自己的人生目标，也为了自己能够脱离魔爪，他最终选择去齐国效命，在那里走完了自己传奇的一生。

第三节　运筹帷幄，勇进知退
——张良

人物简介：

张良，字子房，汉高祖刘邦身边最主要的谋士之一。曾劝刘邦在鸿门宴上卑辞言和，保存实力，并疏通项羽叔父项伯，保全了刘邦性命。不仅如此，凭借自己出色的智谋，协助汉高祖刘邦在楚汉战争中夺得天下，建立汉王朝，被封为留侯。与韩信、萧何并称为"汉初三杰"，张良去世后，谥为文成侯。

能进能退方是谋略

刘邦曾经评价张良说："夫运筹策帷帐之中，决胜于千里之外，吾不如子房。"不难看出，张良是一个谋略过人的谋士。有谋略的人非常多，可是张良为什么能够得到刘邦如此赞誉，首先是他的才能，其次因为他是一个非常懂得进退的人，这一点至关重要。在很多时候，知进退不仅仅是一种谋略，更是一种大智慧。

在历史上，张良曾经留下过一个非常著名的典故——"圯上受书"，通过这个故事，我们也能看出张良的谋略。

秦国灭掉韩国之后，张良做了一件非常冒险的事情——刺杀秦始皇，但由于秦始皇总是换辇车，所以刺杀失败。心灰意冷的张良开始过着隐姓埋名的生活。

有一天，他正在百无聊赖地散步，走到沂水圯桥头，遇到一位穿着粗布短袍的老翁。这个老翁与张良擦身而过的时候，故意脱下鞋子扔到桥下，然后转过身对张良傲慢地说："小子，下去给我捡鞋！"

张良听完之后很是诧异，但看着老者满头白发的样子，还是强忍心中的不满，违心地替他取了上来。随后，老人又跷起脚来，示意张良给他穿上。张良深吸了一口气，强压住心中的怒火，膝跪于前，小心翼翼地帮老人穿好鞋。看到这一切，老人非但不表示自己的感谢，反而仰面长笑而去。

经过此番遭遇的张良不禁愣住了，只见那老翁走出里许之地，又返回桥上，对张良赞叹道："孺子可教矣。"并告诉张良，五天之后的鸡鸣时分再回到这里。张良不知何意，但还是恭敬地跪地应诺。

过了五天，鸡鸣时分，张良从自己安身之所匆匆忙忙地跑到这里，他到这里的时候，叫早的公鸡刚刚打过鸣。谁知那老翁已经到了，看到张良比他来得还要晚，就大声斥责他："与老人约，为何误时？五日后再来！"

张良没有办法，只好又等了五天，可是这一次他已经提前赶到，可还是晚了老翁一步，不用说，又要再等上五天。

第三次，张良索性半夜就来了，老翁到来之时，看见张良正在桥头冻得瑟瑟发抖，他哈哈大笑，从怀里拿出一本书，递给张良，道："读此书则可为王者师，10年后天下大乱，你可用此书兴邦立国，13年后再来见我。"说完之后老者便转身离开。张良借着月光这才看清，原来这就是姜子牙的著作《太公兵法》。

张良得进退才能隐忍老者一而再，再而三的考验，并且正是通过这本《太公兵法》学习了军事方面的知识。后来，他决心投靠刘邦，也是因为刘邦在很多时候非常听信他的劝诫，这让他觉得自己备受重视，且有发挥的空间。作为谋士，深通韬略固然重要，但施展谋略的前提则是要有善于纳谏的明主。这次不期而遇，张良"转舵"明主，反映了他在纷纭复杂的形势中清醒的头脑和独到的眼光。

值得一提的是，这种"知进退"的品质，不仅让张良成为刘邦最信任的谋士之一，同时也成为后来的一张"保命符"——在汉朝建立之后，张良更是清醒地认识到，这才是他最大的危机。他素来体弱多病，自从刘邦建立汉朝之后，他便托词多病，闭门不出。后来，随着刘邦皇位的渐次稳固，张良逐渐从"帝者师"退居"帝者宾"的地位，遵循着可有可无、时进时止的处世原则。张良深知"狡兔死，走狗烹；飞鸟尽，良弓藏；敌国破，谋臣亡"的道理，于是他选择了明哲保身，成为刘邦身边为数不多寿终正寝的大臣之一。

人性、局势皆在掌握

刘邦出身农家，虽然后来任职泗水亭长，但目光短浅一时半会儿是不会发生转变的，每到这个时候，张良就会出言相劝，劝诫他不要只顾着眼前利益。当刘邦身边没有太多人众的时候，这种劝诫很容易被听进去，但随着刘邦的追随者日见增多之后，这样的劝诫本身就带着一定的危险性。但张良从来都不畏惧。

有一次，刘邦大军进入咸阳，这是他们第一次占领大城市，所以当他们看到那豪华的宫殿、美貌的宫女和珍宝异藏时，自满的心态几乎达到了顶峰，甚至以为可以尽享天下，连刘邦也不例外，他们只想留居宫中，安享富贵，将曾经的宏图伟业抛之脑后。

看到这个场景，其他的将领心急如焚，武将樊哙甚至在朝廷之上直斥刘邦"要做富家翁"。可是，刘邦根本不予理睬，甚至劝樊哙也趁机多多享乐一番才是正经。就在这个时候，张良站了出来，并且一番巧言劝诫让刘邦重新找到了方向。

当然，张良并非像樊哙那样直言斥责，而是向刘邦分析利害，劝道："秦王多做不义的事，所以您才能推翻他而进入咸阳。既然您已经为天下人铲除了祸害，就应该布衣素食，以示节俭。如今大军刚入秦地，您就沉溺在享乐中，这就是所谓助纣为虐了。常言道良药苦口利于病，忠言逆耳利于行，愿沛公听从樊哙等人的话。"

在说这番话的时候，张良语气平和，但软中有硬，尤其是非常注意劝诫的技巧，多一分则太过说教，少一分则力道不够。他话中对古今成败的揭示以及"无道秦"、"助纣为虐"等苛刻字眼，隐隐地刺疼了刘邦一心想要安乐的心。于是刘邦愉快地接受了这卓有远见的规劝，下令封存秦朝宫宝、府库、财物，还军霸上整治军队，以待项羽等路起义军。

看到刘邦接受了自己的建议之后，张良又进一步进谏，"得民心者得天下，尽管我们已经占领了咸阳，但是这里的百姓却并不认可，一定要让他们心悦诚服地接受。"于是，刘邦又召集诸县父老豪杰，与之约法三章："杀人者死，伤人及盗者抵罪。"并通告四方："废除秦国的暴力法度，但是这里原先的官吏可以照常任职。我军现今入咸阳并不想侵扰冒犯，所以大家不用担心。"另外，还派人与秦吏一起巡行各地，把这番意旨告诉给更多的人。

就这样，刘邦的军队博得了秦民的一致拥戴，那些百姓争先恐后地用牛羊酒食慰劳军士。刘邦见状，又命令军士不要接受，传出话去："军中粮食充足，不要劳民破费了。"百姓听到这些之后，越发高兴，纷纷表示愿意拥护刘邦，甚至害怕刘邦不为秦地之王。

张良之所以能够在刘邦身边忠言逆耳，敢于劝诫，在很大程度上是因为他足够了解刘邦，知道用什么样的口吻、说什么样的话刘邦能够听进去，同时也不会真正动怒。相比较而言，在"汉初三杰"之中，张良最能够把握这种度，也是最能运筹帷幄之人。

张良不仅能劝诫刘邦，在很多关键时刻，正是凭借着自己的机智，让刘邦逃离危险。比如项羽摆设"鸿门宴"，也正是多亏了张良从中周旋，出谋献计，才使得刘邦全身而退。除此之外，刘邦在战场上多次遭遇危机，也都是凭借着张良的足智多谋，方能化险为夷。

公元前 205 年的春天，刘邦先后收降了常山王张耳、河南王申阳、韩王昌、魏王豹和殷王卬五个诸侯，共获得军队士兵多达

56 万。同年 4 月，刘邦趁项羽集中力量攻打田荣之机，率兵伐楚，直捣楚都彭城。

占彭城之后，刘邦又犯了老毛病，他被这轻而易举得到的胜利冲昏了头脑，不仅没有采取恰当的政治、经济措施，安抚彭城百姓赢得人心，反而是得意忘形地大肆收集财宝、美女，整日置酒宴会。但彭城并非是咸阳，当年他这样做是因为暂时没有能够与之为敌的势力，可现如今，项羽早就虎视眈眈地盯着他。

很快，项羽就听到了这个消息，他亲自率领 3 万精兵，从小路火速赶回，急救彭城。短时间内，刘邦数十万大军都沉迷在醉酒笙歌当中，难以协调指挥，匆忙间连粮饷都筹备不齐，所以一经接战，便遭惨败，几乎全军覆没。

而已经投靠了刘邦的许多诸侯王又望风转舵，纷纷背汉向楚。这让已经身处险境的刘邦再遭一击。狼狈的他毫无办法，只好丢下老父、妻子、儿女，带着张良等人狼狈出逃。好不容易建立的一点优势地位很快直转而下，甚至让刘邦陷入了最危急的处境。

刘邦带着几十名手下逃到下邑之后，看着群臣沮丧的样子，再想到自己现如今的落魄，即使是刘邦也不禁垂头丧气起来，他对群臣说："关东地区我不要了，谁能立功破楚，我就把关东平分给他。你们看谁能助我一臂之力？"

听到刘邦这样说，其他大臣都万分沮丧，只有张良想了想说："九江王英布是楚国的猛将，与项羽有隙；彭城之战，项羽令其相助，他却按兵不动。项羽对他颇为怨恨，多次派使者责之以罪；彭越因项羽分封诸侯时没有受封，早对项羽怀有不满，而且田荣反楚时曾联络彭越造反，为此项羽曾令肖公角攻伐他，结果未成，这二人可以利用。另外，汉王手下的将领，只有韩信可以委托大事，独当一面。大王如果能用好这三个人，那么楚可破也。"

　　张良的这番话，就是在告诉刘邦，别看项羽现在取得了短暂的胜利，但是他有两个非常棘手的仇人——英布和田荣，而刘邦身边有一个军事奇才——韩信，他让刘邦去离间英布、田荣和项羽，借刀杀人，而对于韩信，一定要给予重任。

　　刘邦一听，立刻觉得这是一条上上计，于是叫来了隋何，隋何是出了名的能说会道的舌辩名臣，让他前往九江去策反英布和田荣。同时再写信给韩信，命令他率兵攻打燕赵等地，借此发展汉军势力。

　　"下邑之谋"成为"楚汉战争"之中非常关键的一次谋略，尽管它不是全面的战略计划，但这个计谋构成了刘邦关于楚汉战场计划的重要内容。正是在张良的谋划下，一个"内外联合"、共同击败项羽的军事联盟终于形成，扭转了楚汉战争的局势，使刘邦由战略防御转为战略进攻。而且，历史也证明了张良"下邑之谋"的深谋远虑。

　　在人生规划之中，运筹帷幄和知进退是同等重要的，在人生道路上，有很多人都是因为看待事物比较片面导致自己最终失败，所以我们要借鉴古人的成功经验，借此来增加我们成功的可能。这也正是我们需要向张良学习的地方。

第四节　乱世枭雄，治世能臣
——曹操

人物简介：

曹操，字孟德，一名吉利，小字阿瞒。他是东汉末年杰出的政治家、军事家、文学家、书法家。陈寿在《三国志》中这样形容他："汉末，天下大乱，雄豪并起，而袁绍虎视四州，强盛莫敌。太祖运筹演谋，鞭挞宇内，揽申、商之法术，该韩、白之奇策，官方授材，各因其器，矫情任算，不念旧恶，终能总御皇机，克成洪业者，唯其明略最优也。抑可谓非常之人，超世之杰矣。"汝南许邵则用了八个字来评价他——治世能臣，乱世奸雄。

挟天子以令诸侯

在历史上，曹操一直都是非常具有争议性的人物之一，对他的非议，几千年来都没有停止过。但不能否认的是，曹操是一个对时局把控非常了得的能人。无论时局是多么混乱，他都能看清局势，并且加以控制，从最早的"挟天子以令诸侯"，到乌巢烧袁绍之粮、在荆州请孙权打关羽，再到厚葬关羽，这些事件都显现出曹操对于时局的控制能力之强。

东汉末年，董卓叛乱，挟持当朝天子，时局大乱。当董卓被吕布杀死之后，司徒王允不赦免其部下李傕、郭汜等人，逼其再次叛乱。于是两个人劫持天子，手下的爪牙尽皆封赏。在忠志之士的离间下，二人大打出手，一人挟持了天子，一人挟持了官员，多次交战各有所伤。天子在杨奉等将军的保护下趁机得脱。

尽管天子暂时得以保全，但并非长久之计，他以为曹操是个忠志之士，便派人去曹操那里求援。与此同时，曹操的众谋士都向他献计，劝其救驾。尤其是荀彧，他直接向曹操点出了战略方针——"逢天子以令不臣"，劝曹操早日进兵，将天子牢牢控制在自己手中，这样就能取得政治上的主动，并强调"今日不取，他日天子必将落入别人的手中"。

曹操一听，内心也非常认同，于是立刻起兵，亲自派大军前往。历史证明了他的做法不仅是正确的，还是果断的。时局混乱的时候，多方势力都盯着眼下这块肥肉，比如北方第一大诸侯袁绍，由于他优柔寡断，所以迟了一步。

历经坎坷和奔波之后，天子终于成功地和曹操的部队碰了头，饥寒交迫的天子在曹操的盛情款待下，自然对其感激万分，大加封赏。然而，曹操以都城被贼人烧毁不便防守为由，劝天子移驾许县，天子也因曹操手中握有兵权的缘故不得不从。

后来，曹操每次或是征战，或是赏罚都可以借着天子的名号，可谓"出师有名"、"名正言顺"，而且凭借天子之军的名义，他更是收拢到众多谋臣武将的归顺，他所攻打下的土地上的百姓也更容易顺从。这便是历史上有名的"挟天子以令诸侯"。

在古代，很多事情都讲究一个说法，尤其是"造反"这样的事情，很多人都会找一个漂亮的、好听的名号，比如"清君侧"、"正血统"之类的，尽管在现在看来，不管是什么名号，本质都是相同的。可在当时却并不相同，如果有一个好听的说法，就能够收买人心，赢得更多人的支持。如果曹操贸然起兵造反，却没有一个说法，那就是乱臣贼子，可是他偏偏以"挟天子以令诸侯"这样的方式，让自己"师出有名"，其他人无从反驳，可见曹操的心机之深。

除了"师出有名"之外，曹操借此拉拢了许多能人志士，张辽、张郃、藏霸、徐晃、贾诩等，他们都是奔着曹操身边有天子这个招牌才被曹操纳入阵营当中的。在古代，"忠"是非常重要的一种品性，有了"天子"这块金字招牌，曹操的阵营里自然就不愁没有谋士。

曹操自幼就不是一个循规蹈矩的人，尽管对于他"挟天子以令诸侯"这件事情，后世看法很多，甚至就连京剧脸谱中都将曹操定义为"白脸"来表明曹操的奸险野心。然而，我们不能否认的是，曹操这个人在历史上的成就。而在自己的人生规划里，曹操凭借着自己的能力和才华，力挽狂澜，终究成就了统一北方的理想。

治世能臣

曹操不仅是个杰出的军事家，同时也是个政治家，尤其是在治世方面的才能十分出色——在担任洛阳北部尉时，曹操不畏权贵豪强，对违反禁令的一律用五色棒打死，令京城震动，豪强敛迹，没人敢再犯禁令；后来曹操因为镇压了"黄巾起义"建立了战功，被提升为济南相，在他上任后，罢免了八名依附权贵、贪赃枉法的县级官吏，又下令拆毁祠堂，禁绝祭祀，一时使济南的社会风气改变不少；迁都许昌后，曹操立即招募流亡农民，利用荒地屯田，后来又让军士屯田；曹操还大修水利，推广种稻，使中原经济得到了恢复和发展。

尤其是在曹操统一了北方之后，他采取一系列的措施，改变了北方百姓的生活水平。在东汉王朝末期，社会生产遭到严重破坏，很多百姓流离失所，生活得不到任何保障。而后，又是接二连三的混战——董卓、李傕等凉州军阀到处屠杀人民、抢劫财物；打着勤王旗号的东方将领也"纵兵钞掠"……这些所谓的义军让百姓们的生活更加痛苦，甚至有些地区出现了"民人相食，州里萧条"的荒凉景象。

曹操自己掌握政权之后，开始全面推行抑制豪强的法治政策。他曾经说："夫刑，百姓之命也"；"拨乱之政，以刑为先"。在官员任命上，他起用王修、司马芝、杨沛、吕虔、满宠、贾逵等地方官吏，借此来抑制地方上的土豪劣绅。曹操得到冀州之后，立即"重豪强兼并之法"，就这一条，足以让冀州的百姓拥戴他。

总体来看，黄河流域在曹操统治下，政治有一定程度的清明，经济逐步恢复，阶级压迫稍有减轻，社会风气有所好转。曹操在汉朝的名义下所采取的一些措施具有积极作用。

除了在治理国家方面曹操非常有手段之外，他对于人才也是非常有眼光的。在他"挟天子以令诸侯"之后，也有一些相对比较重视气节的能人志士不齿曹操的做法，但是曹操却能凭借自己的个人魅力，赢得他们的尊敬。

在官渡之战以前，陈琳作为袁绍的门客，曾写过一篇讨伐曹操的檄文。文章的内容非常有趣，简直就是破口大骂——从曹操的祖父开始，一直骂到曹操本人，甚至贬斥他是古今第一"贪残虐烈无道之臣"。

曹操接到这篇檄文的时候，正好头痛病发作，为了不耽误公事，他找来手下念这篇檄文。手下也非常实在，将这篇文章如实念来。当曹操听到全部都是辱骂他家人和他自己的时候，不禁怒斥一声，没想到这一声怒吼，竟然头也不疼了。可见此文的确戳到了曹操的要害。

后来，袁绍战败，陈琳无奈之下转投了曹操。曹操见到陈琳第一眼就直言问道："那篇檄文是你写的吧，你说你骂我就骂我吧，怎么要牵累我的祖宗三代呢，这不符合规矩吧？"

陈琳的回答也很有趣："我当时写文章，文思泉涌，骂你骂得起兴，就控制不住把你祖宗也给带上了。正所谓，箭在弦上，不得不发耳！"

曹操一听，哈哈一笑，并没有太过计较，甚至因为陈琳是有才能的人，曹操丝毫没有计较他曾经辱骂过自己的祖先，反而将陈琳视作自己的好友。

在三国时期，曹操绝对算是一代奸雄（或者一代枭雄），但这绝非完全意义上的贬低他——他奸诈、诡计多端、手腕玩得炉火纯青；但同时，他并非蝇营狗苟、鼠目寸光之辈，在很多关键时刻，他都豪情壮志，更有一代雄主的大度。比如他不杀陈琳，反而能重用他，这一点就颇能体现他的大将风范，因此而受人称赞。

尽管对于曹操这个人本身存在诸多争议，但放眼于全局来看，曹操本身具备的政治头脑和知人善用是非常值得我们学习的。有很多历史人物，由于自己的鼠目寸光、冥顽不灵而造成恶劣的影响，又或者因为小肚鸡肠而错杀了有重大贡献的能人志士，就这一点来看，曹操是非常难能可贵的。如同著名学者易中天先生所说的，曹操是非常可爱的"一代枭雄"。

第五节　高瞻远瞩　善观大势
——诸葛亮

人物简介：

诸葛亮，字孔明，号卧龙，是历史上杰出的政治家、军事家、散文家、书法家、发明家。诸葛亮一生"鞠躬尽瘁、死而后已"，因"隆中对策"出山，辅佐刘备，并且凭借着自己的能力多次助刘备脱离困境。最终在刘备病逝时，上演了一出令人感动的"白帝城托孤"，是中国传统文化中忠臣与智者的代表人物。

立于天下的隆中对策

在小说《三国演义》之中，诸葛亮是智慧的化身，更是刘备身边最得力的谋士。众所周知，诸葛亮最为人称道的，就是他高瞻远瞩、善观大势。

《三国志》中是这样记载的：

刘备好不容易见到了传说中的诸葛亮，非常激动，于是他驱散了周围的闲杂人等，非常尊敬地问道："现在，汉朝已经是强弩之末了，董卓和曹操先后专权，皇室家的人都逃走了。我想成为正义的代表，可是我才疏学浅，办法很少，所以陷入了今天这个局面。但是我不甘心，愧对信任我的这帮兄弟和百姓，你说我该怎么办呢？"

诸葛亮看着刘备的样子，从容地说："自从董卓叛乱之后，各地豪杰同时兴起，占据各州。曹操和袁绍相比，他名声没有袁绍大，兵力没有袁绍多，但是他仍然达到了如此庞大的势力，这是为什么呢？"

刘备没有回答，两只眼睛直盯着诸葛亮。

"不仅是因为时机好，也是因为曹操他聪明、有手段。现如今，曹操已经有百万大军，还让皇帝做傀儡，帮助他号令诸侯，你可以先不理会他，弄不好他能把你给杀了。孙权占据江东，往上倒三代，他家就已经占据了那里。而且江东地势险要，当地百姓也拥戴他，有才华的人也都投奔了孙权，你也不能轻举妄动。"

"那孙权一方我们应该怎么办呢？"刘备询问道。

"孙权这方面，我们可以和他相安无事，必要的时候，我们还可以和他联合起来，一起抗击曹操。说完了两个势力强劲的人之外，我们再来看看你能做些什么。荆州可是块兵家必争之地，东面和吴郡、会稽郡相连，西边和巴郡、蜀郡相通，不过荆州的主人刘表可是个软柿子，你有没有兴趣一举拿下他呢？还有，益州同样是个地势险要之地，而且还有着广阔土地，丰富资源。当年汉高祖就是凭借着这块风水宝地建立了帝业，只可惜现在的主人刘璋昏庸无能，肯定不得民心。而刘备你是皇室血脉，如果你肯攻占这两个地方，再和孙权联合起来，一旦天下形势发生了变化，就派一员武将率领荆州的军队进军，如果真能这样，那么称霸天下，指日可待。"

刘备一听果然是妙计，于是他更从心底里敬服诸葛亮了。

可以说，诸葛亮在出山之前，便已然知晓"天下三分"，能够对当时形势做作出如此透彻的分析可谓高瞻远瞩；他善观大势，始终坚持联吴抗曹，致使蜀汉得与魏、吴鼎立。在诸葛亮出山入幕之后，刘备也常常和他议论，关系也日渐亲密。关羽、张飞等大感不悦，刘备向他们解释道："我有了孔明，就像鱼得到水一般，希望诸位不要再说了。"关羽、张飞等便不再抱怨。而这一篇《隆中对》是此后数十年刘备和蜀汉的基本国策。

在诸葛亮还没碰到刘备这个伯乐的时候，就已经开始悉心分析天下局势，并且站在非常宏观的角度来看待这个局势。尽管"三分天下"肯定不是长久之计，一定会存在"一统天下"的局面，但是就当时刘备一方的情况来看，这是最适用的策略。

鞠躬尽瘁　死而后已

作为蜀国的丞相，诸葛亮非常用心地辅佐刘备、刘禅两位君主，他知人善用，不计得失，只要是对国家有用的人才，哪怕是和自己有过过节的人，他都能够做到公私分明；如果是玩忽职守的人，哪怕是和自己再亲密的人，他也绝不留情，比如"挥泪斩马谡"。在这一方面，他的确赢得了大家的赞扬。

在经济方面，诸葛亮利用汉中的经济条件，因地制宜地采取了一系列发展生产的得力措施，使北伐军资基本上就地得到了解决。当地人民生活好了，就可以招来更多的人口，使地广人稀的汉中重新得到发展，逐步到达人多、粮多的良性循环，使百姓"安其居，乐其业"。

诸葛亮作为军事家也得到了历代兵家较高的认可。尽管到了晚年，诸葛亮南征北伐胜少败多，但是这并不能影响诸葛亮的军事才能。就连他的老对头司马懿在诸葛亮死后，看到诸葛亮的营垒，亦称赞其为"天下奇才"。

到了唐代，唐太宗与李靖在《唐太宗李卫公问对》中多次提到诸葛亮的治军之法与八阵图，给予诸葛亮极高的评价。陈寿在《三国志》中对诸葛亮的评价是"史官鲜克知兵，不能纪其实迹焉"。

作为中国传统文化中忠臣与智者的代表人物，他的智慧自然不用说，而他的忠诚也非常值得人称道，最著名的就是"白帝城托孤"。

章武三年春，刘备身患重病，在永安宫内他回首自己举兵起义这些年的风风雨雨，又是伤心关羽、张飞两个弟弟早他一步离世，又是感慨刘禅年轻没有阅历，担心他不能接替自己的皇位。想到这里，他把诸葛亮从成都召回来，非常诚恳地对诸葛亮说："诸葛先生，朕知道你智慧过人，今日我能取得如此局面，也都仰仗先生的神机妙算。"

诸葛亮一听，连忙跪倒在地，说道："臣惶恐，皇帝一定会康复的。"

"朕的身体朕知道。"刘备说道，"你的才能是曹丕的十倍，必能安定国家，最终灭魏灭吴，统一中国。如果继位的皇子可以辅佐的话，朕希望你尽力辅佐他，如果他不能成材的话，你就自己取而代之。"

这一番话，让诸葛亮非常感动，他立刻流着泪表示："微臣一定尽己所能，精忠蜀国，死而后已！"

刘备立刻叫来了刘禅，叮嘱他说："在我驾崩之后，你一定要与丞相一同处理国事，要敬重他，把他当作父亲一样。"

刘禅也表示一定会听从刘备的嘱托。这就是历史上著名的"白帝城托孤"。

在刘备过世之后，刘禅册封诸葛亮为武乡侯，开始治理国家的事务，后来，又加封诸葛亮为益州牧。对于刘禅，诸葛亮也是尽心尽力，甚至在北伐出发前写下了著名的《出师表》，表明自己的决心。

和姜子牙一样，诸葛亮也是大器晚成的典型代表，尽管刘备三顾茅庐才请他出山，但他早已经开始构建自己的人生规划，他同样期待着自己的伯乐。在漫长的时间里，诸葛亮并没有放弃自己的理想，只是在等待时机，准备厚积薄发。

在我们的人生旅途上，常常会遇到各种各样的坎坷，也会因为现实因素而无法充分发挥自己的才能。可是我们不能因此就放弃，诸葛亮为了等来自己的伯乐等待了数载，终于遇到了刘备，也成就了自己的一番事业。在困境面前不气馁、不轻易怀疑自己，这本身就是对自己的一份自信。

第六节　时世弄人，亚父屈才
——范增

人物简介：

范增，秦朝末年项羽的主要谋士，被项羽尊为"亚父"。在楚汉相争的历史上，很多人都喜欢将项羽塑造成一个"悲情形象"，这主要是源自"霸王别姬"这个历史典故，"力拔山兮气盖世，时不利兮骓不逝。骓不逝兮可奈何，虞兮虞兮奈若何！"这首《垓下歌》让很多人都为之动容。但是，在楚汉相争的历史上，同样有一位悲情英雄，这就是范增。刘邦曾经这样评价过他："项羽有一范增而不能用，此其所以为我擒也。"可见，范增是一个有能力、有谋略的能人志士，但是这个人却注定了成为一名悲情英雄。

再谈鸿门宴

在前面介绍张良的时候，提到过项羽设"鸿门宴"宴请刘邦，那么我们就来详细说一下这个历史典故：

秦朝末年，天下大乱，各路英雄揭竿而起，其中主要的便是刘邦和项羽两支部队，史称"汉军"、"楚军"。

刘邦的部队在实力和人数上都不及项羽，可是刘邦先攻破了咸阳，这让项羽非常生气，于是他马上派英布击函谷关。此后，刘邦打算在关中称王，项羽勃然大怒，下令士兵们休息一日，第二天就要去击败刘邦的军队，眼看着一场恶战在即。

刘邦从项羽的叔父项伯口中得知此事后，惊讶无比，于是他两手恭恭敬敬地给项伯捧上一杯酒，祝项伯身体健康长寿，并约为亲家。刘邦的感情拉拢说服了项伯，项伯答应替他在项羽面前说情，并让刘邦次日前来见项羽。但此时，项羽身边的范增却向项羽提出，必须趁早除掉刘邦，否则后患无穷。

当然，范增这样说并非没有道理，他早就听闻，刘邦虽然不是什么有谋略之人，但是他有一个非常大的优点，就是知人善用，在刘邦身边，无论是张良、萧何、韩信、樊哙、彭越，哪一个都是人中之龙，如若不趁早除掉，日后等他势力坐大，铁定是项羽的头号劲敌。项羽听完之后，也觉得此话有理，于是便决定设鸿门宴，在宴席之上取刘邦性命。

但是，在鸿门宴上，项羽却心软了。无论范增怎么向项羽递眼色，并接连三次举起他佩带的玉玦暗示项羽尽早下手，项羽就是不为所动，因为他很讲义气，不忍心下毒手。范增非常着急，连忙抽身离席把项羽堂弟项庄找来，面授机宜，要他到宴会上去敬酒，以舞剑助乐为名，趁机刺杀刘邦。

项伯看穿了项庄舞剑意在沛公的意图，为保护刘邦，也拔剑起舞，掩护了刘邦。在危急关头，刘邦部下樊哙带剑拥盾闯入军门，怒目直视项羽。在项伯以及樊哙的掩护下，刘邦借口离开了项羽的军营。刘邦部下张良入门为刘邦推脱，说刘邦不胜酒力，无法前来道别，并向项羽献上白璧一双，向范增献上玉斗一双。

范增的意图非常明显，他明显感觉到在未来刘邦会成为项羽的头号劲敌，但此刻的刘邦羽翼尚未完全丰满，还不能对项羽构成真正的威胁，所以才会提出这个建议。但是项羽的突然心软，导致了整个谋略都被打乱了。我们不妨试想一下，如果在"鸿门宴"上，项羽将刘邦刺死，那么整个历史都会发生改变。可惜的是，历史不存在假设。或许，就连范增本人也没有想到过，因为"鸿门宴"，自己的命运也发生了巨大的改变。

离间之计

在楚汉相争进入白热化的阶段，刘邦一直都想找机会除掉范增。因为项羽虽然是西楚霸王，但是很多时候他只是一介勇士，更多地都是在依赖身边的谋士，最被他器重的，也是最有才华的，便是范增。所以刘邦一直都很忌惮他。后来刘邦身边的另一谋士陈平给刘邦出了一计。

项羽为人生性多疑，甚至有些高傲自大，对于这一点，刘邦和陈平都非常清楚。尽管项羽尊称"亚父"，但是在内心里，他其实一直都很提防范增，生怕范增突然背叛自己。陈平正是抓住了项羽这个心理，才开始了自己的计谋。

有一次，项羽派身边的使者来到刘邦这里，陈平故意命令属下热情招待，好酒好菜地伺候着，又找来美女跳舞弹琴以助酒兴。

使者看到他们这样热情的款待，就很客气地表示，要代表西楚霸王项羽向他们表示感谢。可谁承想，他们刚刚说完，陈平立刻翻脸，并且命令手下的人撤下美酒佳肴，就连伴舞的美女也被集体带走。正当几名使者莫名其妙的时候，陈平故意说道："我们还以为你是亚父范增派来的，你倒是早说你是项羽派来的啊。"说完，他就让手下送上粗茶淡饭，态度也大不如前。

这几名使者哪里受过这样的气，回到项羽身边，立刻将这些情况添油加醋地告诉给了项羽。项羽本来就生性猜忌，听到这些，心里就认定范增一定和刘邦有什么不可告人的密谋，于是下令取消范增手中的兵权。尽管他并没有直截了当地否认范增，但是范增也是个极为要强的人，听到这些，他深知项羽对自己没有丝毫的信任可言，盛怒之下便告老还乡。在告老还乡的途中，范增因为生病，不幸离世。

范增的遭遇，在历史上被很多人同情，他一心一意地辅佐项羽，到最后却因为他的不信任，而终止了这场原本让人嫉妒的情分。与其说是项羽心生猜忌，倒不如说是因为造物弄人。刘邦一方想要除掉范增，如果这次的离间之计没有成功，难保不会有下一次，所以他们要的结果，就是范增离开项羽，或死或离开，这就是现实的残酷。

但是造成这一切的，正是项羽本人。如果在"鸿门宴"上，他能下定决心除掉刘邦，在那个情况之下，张良再有计谋，也不过是菜板上的鱼肉，任人宰割，就不会有接下来的事情发生了。

第2章

斩钉截铁，当机立断——果断把握人生

在人生的抉择中，有很多时候，我们都瞻前顾后，缺少当机立断的勇气。每个人的人生都充满了选择，甚至有时候选择只有一次机会。但我们要做的，并非是不敢去选择，而是在有限的时间里，充分思考，迅速做出对自己最有利的抉择。

第一节 临机果，料敌明
——李靖

人物简介：

卫国景武公李靖，字药师，隋末唐初名将，是唐朝文武兼备的著名军事家。后封卫国公，世称李卫公。他善于用兵，长于谋略，原为隋将，后效力李唐，为唐王朝的建立发展立下赫赫战功，比如南平萧铣、辅公祐，北灭东突厥，西破吐谷浑。在唐朝开国之际，李靖作为一员猛将，立下过汗马功劳，这和他自身过硬的军事素质有着非常大的关系。

找到伯乐的千里马

李靖出身于隋朝官宦世家，他的舅舅是隋朝名将韩擒虎，他的父亲李诠仕隋，官至赵郡太守，所以自幼他就接受了良好的教育，毫不夸张地说，绝对称得上是文武全才。

在他年少的时候就展现出宏大的志向，他曾经对自己的父亲说："大丈夫如果遇到圣明的君主和时代，应当建立功业求取富贵。"但是李靖没有想到的是，隋朝已经不是所谓的盛世，隋炀帝好高骛远，也绝非是圣明贤主。在后来的机缘巧合下，李靖追随了李世民，终于成为唐代名将。

"忠臣不事二主"，李靖能背叛隋朝跟随李世民，也绝非是一件容易的事情，这也说明李靖是一个果敢的将领。

当李靖出任马邑郡丞的时候，隋朝已经是内忧外患，河北窦建德，河南翟让、李密，江淮杜伏威、辅公祏等领导的三支主力军先后起兵，而身为隋朝太原留守的李渊也暗中招兵买马，伺机而动，企图揭竿起义。李靖察觉到李渊的举动和动机，但是他当时官职很小，又担心写奏折会被中途拦截，于是就把自己打扮成囚徒，打算用这种计谋瞒天过海，前往京都长安，把这个事情亲自报告给隋炀帝。

但是天不遂人愿，因为关中地区已经被其他起义军占领，他无法脱身，不能前行。就在这个时候，李渊在太原起兵，迅速占领了长安，也俘虏了已经受伤的李靖。李渊自然听闻过李靖才智过人、带兵有方，是个不可多得的勇将，就一心想要拉拢他为自己效命。可此时的李靖内心里还被"忠臣不事二主"的封建认知所负累，坚决不肯。李渊非常生气，就怒斥他不识时务，下定决心要除掉他。

就在这个时候，秦王李世民走了进来，看到父亲盛怒，而李靖则是一脸固执。他想了想，走上前对李渊说："父亲大人息怒，儿子反而觉得李靖如此，才不枉费父亲大人对他的器重，如果他是个见利忘义的小人，又岂能对得起您的眼光？"

"照你这么说，李靖杀不得？"

"自然杀不得，这种忠臣哪里去找呢？"

正是因为李世民的这番话救了李靖一命，李靖为了感激李世民的救命之恩，就顺理成章地成了李世民的部下。

其实，在此之前，李世民早就听闻过李靖是一位难得的军事将领，他的舅舅本来就是隋朝名将，早年的时候常常非常得意地夸奖自己的外甥，声称在这个世上，每每聊到兵法，只有李靖一人能够和他探讨。所以，求贤若渴的李世民当然不舍得将他真正杀掉。但是在古代，臣子一般都有自己的气节，正所谓"忠臣不事二主"，按照李靖的耿直个性，他断然不会轻易背叛隋朝。

尽管在很多野史小说中，李靖不仅被塑造成因看破隋朝残暴统治、主动反水的义士，甚至还为他搭配了红颜知己红佛女，但实际上，李靖绝非是个主动背叛之人。他之所以选择追随李世民，正是因为这次的不杀之恩，自然也有李世民的知遇之恩。如果李靖是一匹千里马，那么李世民就是识马的伯乐，当然，也因为李靖的果断决定才成就了他一代名将的声望。

很多人在面对抉择的时候，往往瞻前顾后，犹豫不决，会因此而错失良机。所以在这种情况下，果断决定就成为一种非常难得的品质，这不仅仅是对自己能力的一种信任，更是对局势一种理智的判定。在我们追寻梦想的道路上，果断是一种非常重要的品质，尤其是在局面开始混乱的时候，只有快刀斩乱麻，才能让自己清晰地分辨出明确的方向，继续前行。

初唐的一代"战神"

李世民登基之后，国家的注意力由内转外，首先要解决的便是不时来找麻烦的草原民族——突厥。李靖作为朝廷之中第一员猛将，他自然要为朝廷解决这个麻烦。和建国时期的战争不同的是，突厥本身就是一个骁勇善战的民族，他们常年在马背上生活，民风彪悍，所以，如何对付他们，成为一个很大的难题。

贞观四年正月，一个天寒地冻的日子，兵部尚书李靖带着3000精骑，拉开了歼灭东突厥的序幕。

慌乱中的东突厥听说带兵而来的人是李靖，还以为他出动了倾国之兵，仓皇北逃。等逃得够远了，又自作聪明玩起了"请降"之计，以求喘息之机。

李靖非常清楚他们的把戏，专门唱红脸负责严防死守，而李世民派来了议和的使者唐俭唱白脸，就在唐俭和东突厥首领握手言欢之时，李靖抓住了突厥人一瞬间的松懈，突然出袭，不可一世的东突厥汗国灭亡了。

从正月出征到四月凯旋，短短三个月时间，仗就这样结束了，迅速得惊人，又让人激动得无法自持。

这是李世民时代一次登峰造极的胜利。随后，李世民被推举为四夷宾服的"天可汗"。

贞观八年，已经65岁高龄的李靖受命率领由汉族、突厥等各族将士组建而成的军队出兵攻打吐谷浑。于是李靖迎来一生中最为艰难的一次行军。吐谷浑盘踞于青海，在海拔最高的青藏高原上，仗着天时地利，曾经三次令唐朝军队无功而返。

半年的时间里，李靖奔行青藏高原五六千里，最终在积石山恶战一场，吐谷浑可汗被杀，其国土尽归唐朝。

初唐时期，李靖在军事上的才能可以说无人能敌，他最大的优势就在于在对敌决战中，能够准确地把握战机，这在战事上是决定性的关键要素。我们都知道，在战场上，机会稍纵即逝，尤其是在冷兵器时代，这种战机更是考验决策人是否具备过硬的军事素养的一个重要标志。

武德四年（621年）八月，梁后裔肖铣自称梁帝，控制了以江陵为中心，东至九江，南至广西，西起三峡，北至汉水的广大地区，成为唐王朝向长江中下游地区和岭南推进的严重障碍。李靖奉命前去围剿，当时他正好在四川，就率领军队沿着长江顺流而下。

当时正值江水上涨，水势汹涌，如果此时贸然出航，很容易遇到危险。很多副将都跑去向李靖禀报他们的担忧，但是李靖却回道："兵贵神速，趁江水猛涨，直抵江陵，肖铣无备，必然被擒；即使有备，仓促中也无以应敌，这是灭梁的上策。"听到李靖这样说，副将们都不再多言，只好按照李靖的命令去执行。

当他们赶到梁帝所在之处时，果然不出李靖所料——梁帝的军队早就知道李靖带兵聚首在长江上游，但是他认为，李靖绝对不会冒着水势凶猛的危险前来围剿，所以并没有多做准备。就是这样的侥幸心理让李靖打他个措手不及。

李靖晚年，曾经写过一本兵书，但是由于各种因素，这本兵书已经失传，成了遗憾。不过，他并非是一个只懂得带兵打仗的莽夫，在为官之道上，同样也有自己的分寸和原则，这也成为他有别于其他武将的一大特点。

由于李靖并非是李渊的心腹，所以李渊和李世民对他始终还是有所戒心，这一点，李靖自己也非常清楚。李世民在登基之前发动了"玄武门之变"，将自己的兄弟刺杀身亡。但是，在这场非常关键的权力争夺之中，李靖几乎全程围观。在此之前，李建成和李世民都曾经向他寻求过支援，尤其是李世民，他对李靖有过一次救命之恩，于情于理，他都以为李靖会站在自己这一边。然而，让他想不到的是，李靖却并没有这样做，他自始至终都保持中立，不愿卷入政治斗争，面对有恩于己的李世民，他选择了中立。正是这个姿态，赢得了李世民对李靖政治操守的信任。在此后的数十年里，李靖在人生的征途上把握尺度，在宦海中进退有余，最后得到善终，这也得益于李靖在自己的人生之中几次重大的、果断的决定。

第二节　匈奴未灭，何以家为
——霍去病

人物简介：

霍去病，西汉武帝时期杰出军事家、名将卫青的外甥、大司马骠骑将军。他多次率军与匈奴交战，在他的带领下，匈奴被汉军杀得节节败退，他也留下了"封狼居胥"的佳话。

匈奴远遁，而漠南无王庭

霍去病是汉武帝时期非常著名的猛将，即便并不熟悉历史的人也都听过他的大名。提到霍去病，大家都会想到那句"匈奴未灭，何以家为"，的确，在霍去病一生之中最重要的功绩便是——六击匈奴、每战皆捷。

公元前 123 年，霍去病还只是一个不满 18 岁的青年，因为自己的舅舅是大将军卫青，所以年纪轻轻的霍去病便参了军，做了骠姚校尉。当时卫青接到任务，准备出击匈奴。刚一上路，霍去病就跑到舅舅身边主动请求带兵出战。卫青当然知道自己的外甥究竟有何本领，心里想让这小子出去实战演习一下也好，就挑了八百名勇壮骁骑归霍去病指挥。

第一次上战场，年轻的霍去病其实并没有任何实战和指挥经验，只是凭借着一腔热情和血气方刚的勇猛，带着 800 名精壮勇士离开大军数百里，并且偷袭得手。史料记载："（霍去病）斩首捕虏二千二十八级，得相国、当户，斩单于大父行籍若侯产，捕季父罗姑比。"他的首战告捷不仅让自己信心倍增，让他的舅舅非常骄傲，同时也让汉武帝开始注意起这员小将。霍去病回朝之后，汉武帝赐封他为"冠军侯"，取其勇冠三军之意。

或许有人会说，霍去病第一次出战就能够赢取胜利，全凭运气。但是我们不得不承认的是，800名骁骑勇士虽然悍勇，可在大漠里，敌我不明，很可能遭遇到匈奴主力，被聚而歼之，血本无归。而且，霍去病这次出战，本身并没有明确目标和作战任务，他们长途奔袭，打的是遭遇战、突袭战，这的确是勇猛的表现，但同时也险到了极点。

然而，这场战役对霍去病和整个汉军来说意义重大——"长途奔袭战术"小试锋芒便显示了巨大的威力，尽管霍去病误打误撞，却无意中走对了路、摸对了门。从此之后，"轻装简从，长途奔袭"这个战略几乎成为霍去病的主要对敌战术并在以后的历次战役中屡试不爽，成为克敌制胜的不二法门。

一战成名，霍去病通过这场战役总结出了长途奔袭战法的基本条件——部队必须骁勇、要求极强的单兵作战能力、行动迅捷、出击凶猛、号令严明、整齐划一，几百人乃至数万人进退有如一人，机动性强、快打快收、决不恋战，这几点都是缺一不可的。当然，长途奔袭战的性质也决定了其必然是以少打多，人多了，部队缺乏灵活性和机动性，闪击战的迅疾和威力就发挥不出来，所以霍去病在以后的几次战役中，虽然统兵越来越多，但其以少打多的性质从来没变过。而"长途奔袭的战略"还有一个非常大的好处，那就是节省兵力。尽管在冷兵器时代，有时候兵马人数也成为战争中的一大要素，但同样，也有很多"以少胜多"的例子。而这样的胜利，一方面节省了兵力和军费开销，同时也利于士兵的锻炼。

随着这场战役的结束，一代名将横空出世，汉武帝时期，甚至是整个汉朝最耀眼的"将星"甫一出场就以其势不可挡的锐气、充满新意的战法、崇尚进攻的风格展示了汉匈战争即将进入战略反击阶段，汉军横扫大漠称雄塞外的日子为期不远了。

霍去病用兵灵活、避实就虚、随机应变、军无定势，他从不按常理出牌，所以能在战争中屡出重拳，闪击制胜，打得匈奴人晕头转向，摸不着头脑，完全陷入被动挨打的局面。"河西大捷"为汉军的大兵团长途奔袭战术提供了可贵的实践机会，也证明了该战术的正确性和可操作性，汉军因此积累了宝贵的经验，同时对相应的后勤补给、粮草武器运输等也提出了更高要求并初步获得了解决方案。

忠孝两全的勇士

除了在用兵打仗上，霍去病是个足智多谋的将领之外，在生活中，他同样是非常孝顺且志向远大的人。他的舅舅卫青是汉朝的大将军，自小他就跟着舅舅生活，锦衣玉食，在这种环境下，如果没有远大的理想支撑着自己，很容易就养成纨绔子弟的生活作风。可是，霍去病从来不曾沉溺于富贵豪华。小小年纪，就有着远大的理想，并且时刻将国家安危和建功立业放在首位。这一点，他像极了他的舅舅卫青。除此之外，他的脾气秉性也和卫青如出一辙。汉朝时，很多大臣都养着自己的门客，也就是支持自己的人，但是卫青和霍去病却丝毫不理会，也从来不养门客，生来就是一副坦荡荡的模样。汉武帝曾为霍去病修建过一座豪华的府第，霍去病却断然拒绝，说："匈奴未灭，何以家为？"

可以说，霍去病是坦荡荡的君子，这一点不仅体现在他的军事素养当中，还包括做人。霍去病的身世一直是个谜，他从小就生长在卫青身边，并没有见过自己的父亲。但是当他得知自己的身世之后，他用自己的行为做出了选择。

霍去病是霍仲孺的私生子，但是他从来都不知道，霍仲孺也从未尽过一天当父亲的责任。霍去病长大成人之后，卫青告诉了他关于父亲的一切，但是对于如何去做，卫青并没有干涉。

霍仲孺一直生活在平阳（也就是现在的山西临汾），霍去病得知之后，心里便有了打算。有一次，他出任骠骑将军出征的时候，就顺道到了平阳。

霍去病命下属将霍仲孺请到休息的旅舍，见到父亲进来之后，他立刻跪拜道："不孝子原先不知道自己是大人（大人：汉唐时指父亲）之子，未在大人面前尽孝，是我一生的遗憾。"

霍仲孺看到已经是将军的儿子，又想着自己从来没有尽过做父亲的责任，愧不敢应，匍匐叩头说："老臣得托将军，此天力也。"

霍去病连忙将父亲扶起来，让他坐在上宾的位置，并且表示自己从未怪过父亲，相信他一定有着自己的苦衷。在离开平阳之前，他为霍仲孺置办田宅、奴婢，并在领军归来后将同父异母弟弟霍光带到长安栽培成才。

无论是在战场上还是在做人上，霍去病都是光明磊落、铁骨铮铮的汉子，他的一生十分短暂却辉煌无比。

霍去病在历史上拥有很高的评价，不仅仅是因为他在战场上的功勋显赫，更重要的是他为家为民的这份胸怀。一个年仅十几岁的青少年就能说出"匈奴未灭，何以家为"这样的豪言壮志，这是何等的胸襟和气魄！在那个时候，他就已经有了一个宏远的目标，那就是凭借着自己的能力保家卫国。在中国数千年的历史之中，像霍去病这样的忠臣良将还有很多，而他们这种精神，流传千古，美名长存。

第三节　智勇兼备的铁帽子王
——杨素

人物简介：

杨素，字处道，隋朝权臣、诗人，杰出的军事家、统帅。他与杨坚（隋文帝）深相结纳。在杨坚称帝时，任杨素为御史大夫，后来，又以行军元帅率水军东下攻陈。灭陈后，晋爵为越国公，任内史令。杨广即位以后，拜司徒，改封楚国公。去世后谥曰景武。

隋朝四大猛将之一

尽管对于杨素这个人历史上的评价褒贬不一，但是对于他的军事才能却从来没有人质疑过。曾有人说，三国时期的周瑜不算名帅，因为他只喜水战而不善陆战，而鲁肃只能打打埋伏。按照这样的说法，杨素堪称名副其实的良将了。他不但善于陆战，打起水战来也毫不含糊，"灭陈之战"就是最好的例子。

公元 588 年 2 月，隋文帝杨坚下令，准备征讨陈后主，而杨素被封为行军元帅之一，统领水军主力。

2 月中旬，隋军整装待发，杨素带领部队出巴郡进三峡，发起了伐陈的第一轮攻势。但是，当部队行进至流头滩（今湖北宜昌西北虎头滩）的时候，却遭遇了陈将戚昕的抵抗。戚昕依据险要地势坚守不战，这令众将领们一筹莫展，毕竟对于这个地势，戚昕非常熟悉，而他们则相对陌生许多。

杨素沉着冷静，并不为眼前的困难所吓倒，他充分分析敌我形势，认为白天不易出战，且兵贵神速。于是，决定改水军主力进攻，陆军加以配合，制定分进合击的作战方针，乘夜突袭。

果然，到了深夜，杨素亲自率战船数千艘，趁着夜色突然开始正面进攻——陆军一部由长江南岸攻击别栅，铁甲骑兵从江陵西进攻击北岸白沙据点。经过短短数个时辰，第二天拂晓，隋军在杨素的指挥下一举击溃陈军。只有主将戚昕一人逃走，残部尽数被俘。

杨素得胜之后立即颁下一条命令：隋军将士一律不得为难被俘的陈军将士，不得骚扰附近百姓。可以说，杨素的这一举动不仅赢得了长江沿岸居民百姓的爱戴，也削弱了陈军对隋军的仇恨，间接地打击了陈军的战斗意志，最终取得了伐陈战争的胜利。

杨素的军事才能杨坚始终看在眼里，并且对他非常器重，在他刚刚投靠自己不久就委以重任，让其担任汴州刺史。而后，在与突厥对战的时候，杨素也充分发挥了自己的军事才能。

过硬的军事素养

隋唐时期，突厥一直是非常强劲的敌人，由于他们民风彪悍，常年在草原上横行霸道，几代帝王都曾经为他们头痛过，杨坚也不例外。自他登基之后，一直都对他们采取恩威并施的策略。但是这并不能满足突厥的野心，很快，他们就开始对隋朝虎视眈眈。杨素作为隋朝的第一猛将，自然要披挂上阵。

599年2月，突利可汗奏报都兰可汗制造攻城器械，准备攻击大同城。隋文帝命汉王杨谅为元帅，以杨素出灵州，尚书左仆射高颎出朔州，上柱国燕荣出幽州，兵分三路进击突厥。

在此之前，隋将在与突厥交战的时候，因为担心突厥彪悍的骑兵，往往采用战车、骑兵和步兵相互交叉配合的阵法，但是，一向不按常理出牌的杨素却认为："这只是巩固防御的途径，而不是夺取胜利的方法。"于是他改变战术，下令各军摆开骑兵阵势。

达头可汗听说对方主将竟然要和自己比试骑兵，立刻大喜道："这是天助我！"并下马仰天而拜，即率十余万精骑直扑隋军。上仪同三司周罗睺看到突厥求胜心切，阵形不整，乃请令率精骑迎击，杨素指挥大军随后继进，大败突厥。达头可汗带着重伤逃跑，其众死伤不可胜数。

杨素在此战中，敢于摒弃陈旧落后的保守战略，大胆使用骑兵突击，取得大胜，这是非常大胆的，毕竟突厥的骑兵非常勇猛，杨素再一次显示了其杰出的军事才能。

这些说明杨素很有随机应变的谋略，他总是把握好时机去同敌人作战，而且他不墨守成规，在应对情况的变化时，并不拘泥于单一的方法，而且控制军队严厉有序——如果有谁违犯了军令，他就立即斩首，没有宽容的。同时杨素治军严整，其部下如有违犯军令者，立斩不赦，绝不宽容。每次作战前都寻找士兵的过失，然后杀之。每次多者百余人，少也不下十几人。由于杀人过多，以至"流血盈前"。

在两军对阵之时，杨素往往会先命令一二百人前去迎敌，若取胜也就罢了，如不胜而败逃者，无论多少，全部斩首。然后再令二三百人迎敌，不胜则照杀不误。所以杨素的部下对他极其敬畏，作战时皆抱必死之心。

正是因为他的军事素养过人，在历史上，尽管有人对他究竟是权臣、奸臣，还是能臣有着诸多质疑，但是对他的军事才能以及在军事上做出的贡献，都非常肯定。比如唐代魏徵这样评价杨素："素多权略，乘机赴敌，应变无方。"从杨素亲自指挥的攻陈作战、江南平叛、北击突厥、平定杨谅等重大战役中可以看出，杨素深于谋略，善捉战机，不拘古法，因变制敌，这既是他用兵打仗的显著特点，也是其每战皆胜的重要原因。而他"驭戎严整"、治军得力、赏罚分明，则是其战无不胜、成为名将的又一重要原因。

第四节 不入虎穴，焉得虎子
——班超

人物简介：

班超，字仲升，东汉著名的军事家和外交家。班超自幼便有着宏大志向，他口齿辩给，博览群书。由于不甘心只为官府抄写文书，毅然决然投笔从戎，追随窦固出击北匈奴，又奉命出使西域。在漫长的31年之中，他平定了西域五十多个国家，为西域回归、促进民族融合做出了巨大贡献。

投笔从戎

班超在年幼的时候，内心就坚定了一个宏大的志向，但是梦想是丰满的，现实是骨感的，和很多年轻人一样，班超为了理想放弃了他原本的生活。

从一种生活状态进入另一种完全陌生的环境、工作，这本身就存在着一定的风险，需要有非常大的勇气。在班超出使西域的过程中，他曾经多次以身犯险，其实他这种"不入虎穴，焉得虎子"的念头早在一开始就已经表露无遗。

班超自幼就心怀大志，由于家境贫寒，只能依靠替官府抄写文书来维持生计。他每日伏案挥毫，常常写着写着就停下笔叹息说："大丈夫无它志略，犹当效傅介子、张骞立功异域，以取封侯，安能久事笔砚间乎？"意思就是说，大丈夫应该像傅介子、张骞那样，在战场上立下功劳，怎么可以在这种抄抄写写的小事上浪费生命呢？

旁人都嘲笑他，班超却说："你小子哪里会懂得我的志向！"

于是，他就去找相面的人看相，相面的人说："祭酒，布衣诸生耳，而当封侯万里之外！"

班超问其故，相面的人说："生燕颔虎颈，飞而食肉，此万里侯相也！"言外之意，是说班超今后一定会有大出息，班超听闻就笑笑离开。

果然，过了不久，汉明帝问班固说："你弟弟现在哪里呢？"班固说："替官府写书，用挣来的钱奉养老母亲"。于是，汉明帝就任命班超为兰台令史，掌管奏章和文书。果然，班超在进入庙堂之后，立刻开始了他戎马生涯，为汉朝和西域诸国之间的和平贡献了力量。

这就是著名的"投笔从戎"的历史典故。无论历朝历代，文人都很少有机会上战场。一方面是因为文人即便是兵法、战术学习得再精通，也大都只会纸上谈兵，而到了战场上常常会慌了手脚；另一方面，在冷兵器时代，战争也是非常残酷的，文人毕竟没有经过专业的训练。可是班超却并没有因为这些困难而放弃自己的理想，不得不说，他是一个非常勇敢且坚决的人。

每个人在实现理想的过程中都会遇到各种各样的困难。对于很多历史上伟大的人物而言，甚至有过生命危险，尽管在和平时期，我们所遇到的困难并不会如此，可是只要拥有班超这种"不入虎穴，焉得虎子"

的精神，有什么困难能难住我们呢？

出使西域

众做周知，班超最大的功绩就是出使西域和平定西域。当时，汉朝和西域诸国一直都保持着良好的关系，但是这种关系却并没有维持太久的时间，因为王莽改制时贬黜西域各国王号引起了普遍不满。很快，他们就开始骚扰汉朝边境，使得边地人民不堪其苦。

为了改变这个现状，朝廷只好决定派人出使西域，借此来改变关系。但此时，出使西域是非常危险的，尤其是对于使者来说，甚至有"有去无还"的可能。

公元73年，奉车都尉窦固出兵攻打匈奴，班超随从北征，在军中任假司马的职务。尽管假司马官很小，但它是班超由文墨生涯转向军旅生活的第一步。

当班超到达鄯善国的时候，鄯善王用十分尊敬周到的礼节接待他，可是这种友好现象没有维持多久，又忽然变得疏远懈怠了。这令班超非常奇怪，他召问自己的部下："你们可曾觉出鄯善王的态度冷淡了吗？"

部下说："胡人行事无常，并没有别的原因。"

班超想了想说："这一定是有原因的，想来是因为有北匈奴的使者前来，而鄯善王心里犹豫，不知所从的缘故。"

想到这里，他便招来胡人侍者，假装自己已知实情，说："匈奴使者来了几天，如今在什么地方？"

胡人侍者一听，慌忙答道："已经来了三天，离此地三十里。"

得到了自己想要的信息之后，班超就把胡人侍者关起来，之后便当作什么事情都没有发生过，和部下们一同饮酒。饮到酣畅淋漓之际，班超借酒激怒众人道："你们和我同在绝远荒域，如今北匈奴使者才来了几天，而鄯善王就已不讲礼节了，假如是使者命令鄯善王把我们抓起来送给匈奴，那我们的骨头就要永远喂给豺狼了。这时候，我们应该怎么办？"

部下一听，立刻回答："如今身处危亡之地，我们愿跟随司马同生共死！"

班超听闻，大声道："不入虎穴，焉得虎子。现在摆在我们面前唯一可行的办法，就乘夜用火进攻匈奴人，对方不知我们到底有多少人马，肯定大为惶恐，如此一来，我们便可将他们一网打尽。除掉了北匈奴使者，那么鄯善人就会胆战心惊，我们便成功了。"

当天晚上，班超便带领部下直奔北匈奴使者的营地。当时正刮着大风，班超立刻命令十人拿鼓，躲到匈奴人的帐房后面，相约道："看见火起，就一齐擂鼓呐喊。"

部下们一听，立刻手持刀剑弓弩，埋伏在帐门两侧。就这样，班超顺风放火，大火一起，帐房前后鼓声齐鸣，杀声震耳。匈奴人突然听到这个动静，全都惊慌失措，一时大乱。果然如班超所预想的一样。

次日班超等人返回，将事情的经过告诉了郭恂。郭恂大为震惊，接着神色一变。班超一看他的脸色，就明白了他的意思，连忙举手声称："从事虽然没有前去参与行动，可班超怎敢一人居功！"

郭恂这才高兴起来。于是，班超叫来鄯善王，给他看匈奴使者的首级，鄯善王极为惊恐。班超将汉朝的国威和恩德告诉鄯善王，并说："从今以后，不要再同北匈奴来往。"鄯善王叩头声称："我愿臣属汉朝，绝无二心。"于是，将王子送到汉朝充当人质。班超归来后，向窦固讲述了出使经过，窦固十分高兴，将班超的功劳一一上报，并请求重新选派使者出使西域。明帝说：

"有班超这样的官员为什么不派遣，而要另选他人呢？现任命班超为军司马，让他完成先前的功业。"

一直以来，西北方匈奴都是汉朝边境上的隐患。如何正确处理这个问题，不仅关系到汉代政治经济的发展，同时也与西域各国的经济文化交流有着密切的关系，因此为历朝统治者所重视。班超凭借非凡的政治和军事才能，在西域的 31 年中，正确地执行了汉王朝"断匈奴右臂"的政策，自始至终立足于争取多数，分化、瓦解和驱逐匈奴势力，因而战必胜，攻必取。班超不仅维护了祖国的安全，而且加强了与西域各族的联系，为中国多民族国家的形成、巩固和发展，做出了卓越贡献。

第五节　一生戎马，活的"战史"
——李勣

人物简介：

英国忠武公李勣，原名徐世勣，字懋功。唐高祖李渊赐其姓李，后来因忌讳唐太宗李世民的"世"，改为李勣。唐初名将，与李靖并称，被封为英国公，为凌烟阁二十四功臣之一。李勣早年从李世民平定四方，后来成为唐王朝开疆拓土的主要战将之一，他曾破东突厥、高句丽，功勋卓著。

重情重义的血性汉子

李勣出身富足家庭，但因为隋末时期的动荡，加入了翟让的部队，落草为寇，后又跟随李密投靠了李渊。正是因为有了这样的经历，在李勣的身上总是带着一丝绿林好汉的英雄气概，这样一个重情重义的血性汉子，让很多人都敬佩他。

　　唐太宗时期，李勣已经官居宰相，公务非常繁忙，也很少有机会还乡省亲，与亲人相聚一次不太容易。从他投身绿林之后，他回家的次数就更少了，直到暮年，他才有机会辞去官职告老还乡。

　　在回家的路上，他顺道去探望已经出嫁的年老的姐姐。恰好他的姐姐生病了，没有胃口，什么东西都吃不下。李勣看到这个情景，就决定留下来照顾姐姐，每天都细心照顾着，甚至亲自下厨给姐姐煮粥喝。

　　在古代煮粥并不容易，只能在院子里生火，还要不停地看着火候，李勣用炉子烧着劈柴煮粥，一阵风吹来，竟然把他的长胡须烧着了。

　　姐姐看见了，心疼地说："家里有那么多佣人，这样的活就让他们去做吧，何必劳驾你这个国公辛苦到这般地步？"

　　李勣不甚在意，笑着回道："我不是因为没有人的缘故，现在姐姐你老了，我也老了，我们姐弟在一起的时日无多，我为姐姐煮粥的机会也越来越少了，趁着我还有机会侍候你，就让我亲自为你煮粥吧。"

　　在李勣屡获战功，享受了高官厚禄、大富大贵之后，他却将人世间的亲情看得如此透彻。的确，繁华过后，只有真情才是最珍贵的。除了对亲情李勣极为看重之外，对于那些结拜兄弟、同生共死的将领们，他也同样如此。

　　在李渊和王世充的战争中，单雄信被王世充俘虏，继而投降于他。后来王世充又投降于李世民。李世民非常痛恨那些背叛自己的人，决定按照律例，要叛处单雄信死刑。

单雄信是李勣的结拜弟兄，当李勣听到这个消息之后，冒死向李世民上报，称赞单雄信武艺绝伦，如果能够让他戴罪立功，他一定会感恩戴德，能为国家效命，甚至李勣请求用自己的官爵赎单雄信的死罪。但是这个请求被李渊和李世民驳回。

李勣知道，这并不能怪李渊父子，都是单雄信自己的过错，可是他内心又十分不舍得这个兄弟。于是在临行前一晚，他来到大内监牢，对着单雄信号啕大哭，还割下自己大腿上的肉给单雄信吃，说：“生死永别，这肉和你一起入土吧。”

单雄信也是一条血性汉子，看到此情此景，他也禁不住潸然泪下，并对李勣说，如果有可能，请他代自己照顾年幼的儿子。李勣拍着胸脯说：“我定会将你的儿子视为己出，好好教育他成才。”果不其然，在单雄信过世之后，李勣收养了单雄信的儿子。

很多时候，人总是有一种无能为力的无奈，甚至也有人在大是大非面前因为感情用事而犯错误，可是李勣却没有。同时，他也没有辜负这一场结拜之情。

李勣在每次指挥行军作战的时候，很注重对属下的培养，当他听到别人一点好的计谋，就握住其手腕高兴地听从，作战取得胜利的时候，多把功劳推让给部下，所以很多人都愿意为他效力。

戎马一生的丰功伟绩

纵观李勣一生，经历了无数场战事，早年在瓦岗寨时，他就随从李密征战，为瓦岗军立下了汗马功劳；在归顺李渊之后，又屡从唐太宗征讨——平王世充、灭窦建德、伐刘黑闼，为大唐王朝的建立立下了不朽功勋，成为一代开国功臣；后来又在攻灭东突厥、平定薛延陀等重大战役中做出了重大贡献。

所以李渊曾这样评价他："徐世勣（李勣）感德推功，实纯臣也。"而唐太宗李世民则说："参经纶而方面，南定维扬，北清大漠，威震殊俗，勋书册府。当今名将，唯李勣、道宗、万彻三人。李勣、道宗不能大胜，亦不大败；万彻，非大胜即大败。"相比于后世人的诸多赞赏，都比不上这两位的评价来得准确。

在李勣年过七十的时候，他仍然带领军队灭高句丽，在中国古代史上，这都是非常困难的事情。众所周知，在古代，人的平均年龄普遍较低，所以才会说"人过七十古来稀"。但是，李勣在七十岁的高龄仍然驰骋疆场，杀敌无数，这绝对算是一个奇迹了。

公元 666 年，高句丽权臣盖苏文病死，其子男生继续全权管理国事，而另外两个儿子男建、男产却突然发难，想要借此驱逐男生，夺取权利。万般无奈之下，男生只好投奔了唐朝，恳求唐朝发兵相助。

到了 668 年，李治任命李勣为辽东道行军总管，率兵 2 万攻城略地，到了鸭绿江。当然这样做的目的并不完全只是为了帮助男生夺回权利，也有自己的考虑，这个暂且不表。男建派他的弟弟前来抵抗，但很快就被李勣打败，并且躲到平壤城的城门里，不敢出来迎战。

这时，李勣又带兵包围平壤，并且下令让辽东道副大总管刘仁轨、郝处俊，将军薛仁贵都在平壤会合，分路夹击平壤。短短一个月时间里，李勣就带兵攻克了平壤，俘虏高丽王高藏及男建、男产，分割高丽所有的城地。据统计，此战唐朝共获 170 多城，近 70 万户。至此高句丽国灭，唐朝分其地置 9 个都督府，41 州，100 县，设安东都护府统管整个高句丽旧地。

　　七十岁高龄的李勣，在战场上完成了自己最漂亮的收山之作，和很多将领一样，李勣深深热爱着这片土地，他愿意用自己每一滴汗水来守护着它的安宁。他的戎马一生，为初唐带来的不仅仅是繁荣昌盛，更是在战乱之后的休养生息，让唐朝有了足够的时间去平复战争的创伤，这也是李勣一生之中最大的功绩。

第 3 章

明修栈道，暗度陈仓——善谋改变人生

有些谋略，可以让我们在短时间内迅速获得渴望的财富、赞美，但是有些谋略，则让我们长期受益。所以，我们应该努力去学习让我们受益终生的谋略，而非昙花一现的辉煌。

第一节　三寸之舌，强于百万之师
——毛遂

人物简介：

毛遂，战国时期薛国人，是赵公子平原君赵胜的门客。公元前257年，也就是赵孝成王九年，他自荐出使楚国，促成楚、赵合纵，声威大振，并获得了"三寸之舌，强于百万之师"的美誉。

在现实生活中，我们常常会用毛遂自荐这个成语来形容那些向别人介绍、推荐自己的人。然而，在历史上，毛遂并不仅仅会向别人介绍自己，他是一个非常有谋略的谋士，而他最出众的当属他的口才。

毛遂在追随平原君成为他的门客之后，一直都默默无闻。有一天，平原君对门客们说打算带一个随行之人前去楚国谈判。毛遂听了之后，知道这是一次证明自己能力的机会，于是挺身而出，说道："毛遂不才，愿意担此重任。"

平原君一看，觉得毛遂面生，就问："先生居胜之门下几时了？"

毛遂回话说："已有三年。"

一听说他来到府上已经有三年时间，可是自己却并不知道有这么一个人存在，平原君立刻就产生了轻视之意，说："贤主处于世间，恰似尖锥处于囊中，其锋芒毕现，今先生居此已有三年，我却未曾听左右提起过，可见先生文不成、武不就。且出使楚国乃关系赵国存亡之大计，先生恐怕不能胜任，还是留下吧。"

毛遂听了，并无胆怯之意，连忙回答："平原君言之有理。

贤士处世当展其才德，然欲逞才能须有表现机会，君子以贤达仁义、礼贤下士闻名于世，然君子若无赵公子之名分、地位，安能显其贤达乎？毛遂之所以未能崭露锋芒是因无处于囊中的机会，否，早已脱颖而出，不单单是只露锋芒的问题了。"

平原君对毛遂的回答深感惊讶，再加上情势紧急，容不得他多做考虑，于是就同意了毛遂同行。到了楚国之后，谈判从早上到中午，毫无结果。就在这个僵局之中，只见毛遂佩剑上堂，大声喝道："合纵发兵，就是三言两语的事，为何议而不决？"

楚王听了之后立刻大怒，并且对毛遂冷言嘲讽。然而毛遂根本不在意，反而怒目按剑直逼楚王，慷慨陈词："楚国有五千多里土地，一百万士兵，是可以称霸的大国，没想到秦国一兴起，楚国连打败仗，甚至连堂堂的国君也当了秦国的俘虏，死在秦国，这是楚国的奇耻大辱。联合抗秦最根本的是帮助楚国报仇雪耻，大王反而支支吾吾，自己不感到理亏心愧吗？"这一番话刺中了楚王的要害，楚王决定出兵。于是同平原君歃血为盟，协力抗秦。

毛遂之所以能够取得这次谈判的胜利，当然不是因为他的嗓门大，而是他非常清醒地认识到，楚王的真正痛处在哪里，正所谓"打蛇打七寸"，但如何找到这个所谓的"七寸"，却着实是一门学问。

经过这一次之后，平原君回至赵国就感叹道："我一向自以为能够识得天下贤士豪杰，不会看错、怠慢一人。可毛先生居门下三年，竟未能识得其才。毛先生于楚朝堂之上，唇枪舌剑，豪气冲天，不独促成约纵，且不失赵之尊严，大长赵之威风，毛先生以三寸之舌而强于百万之师。胜再不敢以能相天下之士自居了。"于是，毛遂就成为平原君的上客。

很多人都知道"毛遂自荐"这个典故，但是却很少有人知道"毛遂自刭"，同样都是这个口才了得的外交家，但仅仅一年的时间，他却从

"毛遂自荐"的辉煌走向了"毛遂自刎"的悲凉，让人不禁感慨万千。

由于毛遂促成了楚国与赵国的"合纵抗秦"这个大计，挫败了秦军的侵犯，从而得到了平原君的赏识。然而好景不长，就在"毛遂自荐"的第二年，燕军派大将军粟腹领兵大举进犯赵国。这同样是一个不大不小的难题，平原君首先想到的就是毛遂，但是他根本没有意识到毛遂只是个外交人才，而非统率千军的将才，就这样轻易地力举毛遂统帅大军前去御敌。结果可想而知，昌都一战赵军被燕军杀得片甲不留。毛遂无法面对一败涂地的惨状，羞愤万分，自刎身亡。这就是历史上鲜为人知的"毛遂自刎"。

我们不得不承认，毛遂是非常有才能的人，但他只是有才能的外交人才，他能够依靠自己的三寸不烂之舌舌辩群雄，借此达到自己的目的。但是外交人才并不等于军事人才，平原君这一次失败的任命，直接导致了毛遂的悲剧。

第二节　忠以为国，智以保身

——范蠡

人物简介：

范蠡，字少伯，春秋末期著名的政治家、谋士、名贾和实业家，被后人尊称为"商圣"，南阳五圣之一。他的思想内涵非常丰富，智慧超群，被誉为"治国良臣，兵家奇才，商人始祖。"

范蠡从政

　　作为历史人物，范蠡一直受到历代史学家的关注。关于对他的评价，有两个问题值得注意。第一，历代统治者并没有大张旗鼓地宣扬、表彰范蠡，这是为什么呢？答案非常简单，因为范蠡不是忠臣，他见机行事，巧妙脱身，这在统治者看来，不够忠心耿耿。既然不是忠臣，也就导致了范蠡的名气比不上诸葛亮、岳飞。

　　范蠡从政，是他人生的转折。他的行为举止放荡不羁，人性率真，颇有道家风范，但他并非颓废，不是悲观主义者，在内心，范蠡还是有治国平天下的宏大志向的。

　　公元前494年，勾践听说吴国日夜演练士兵，准备向越国报仇，打算先发制人。但是他的这个想法遭到了范蠡的强烈反对，他认为，天道要求我们"盈满而不过分，气盛而不骄傲，辛劳而不自夸"。

　　勾践根本就不听范蠡劝谏，执意出兵。看到他如此执意为之，范蠡就预料此战凶多吉少。

　　果不其然，越国遭遇会稽山大败。此时，范蠡只好劝诫勾践答应吴国的任何条件以求保全性命。而吴王也和勾践一样，没有听从自己谋士伍子胥的劝告借着这个机会除掉勾践，而是放了他一条生路。

　　按照吴、越双方议和的条件，越国战败过了两年，越王勾践将要带着妻子到吴国当奴仆，而范蠡自愿追随勾践。

　　吴王夫差听到这个消息之后，竭力劝范蠡离开勾践，到吴国帮助自己完成大业，但是范蠡毫不动摇，很坦然说道："臣闻亡国之臣，不敢语政，败军之将，不敢语勇。臣在越不忠不信，今越王不奉大王命号，用兵与大王相持，至令获罪，君臣俱降，蒙大王鸿恩，得君臣相保，愿得入备扫除，出给趋走，臣之愿也！"

战争之后，越国几乎跌到谷底，为了提高军事力量，范蠡重建国都城。在建城的过程中，范蠡建了两座城，一座大城，一座小城——小城是建给吴国看的，而大城建得残缺不全，面对吴国的方向不筑城墙。果然，夫差被假象所迷惑。范蠡重视军队训练，提高士气，增加战斗力，组织了敢死队，以最高金额奖励。为了进一步迷惑夫差，范蠡又投其所好，派人送给他最喜好的东西，以讨夫差的欢心。还向夫差进献美女，消磨夫差的意志。

公元前476年，讨伐吴国的条件终于成熟了，此时夫差倾全国之力，北上中原争霸，使国力严重消耗，后方空虚，只剩下一些老弱与太子留守。越国经过近20年的精心准备，国力强大，范蠡建议勾践立即兴兵伐吴。于是，在公元前473年，吴军全线崩溃，吴王夫差逃到姑苏台上固守，同时派出使者向勾践乞和，祈望勾践也能像20年前自己对他那样宽容，允许保留吴国社稷，而自己也会像当年的勾践一样倒过来为之服役。勾践动摇了，这时范蠡站出来极力反对，勾践听从了范蠡的劝告。夫差自杀的时候想起伍子胥，认为自己愧对伍子胥，以至于造成如今的结果，遂蒙面自杀。

范蠡的做法可以说是有谋略、有远见的，从政后的范蠡对勾践的复国起了重大的作用，而这一切都得益于范蠡的谋略。

尽管他算不上忠臣良将，但绝对称得上是一位难得的谋略家，从他出山帮助勾践兴越灭吴的曲折艰辛过程，足以看出他的足智多谋。后来他务农、经商也离不开谋略和智慧，但这不是范蠡的全部。范蠡是春秋战国之际著名的政治家、军事家，还是一位杰出的商人，被称为一代商圣。毫不夸张地说，范蠡的思想内涵非常丰富，智慧超群，被誉为"治国良臣，兵家奇才，商人始祖"。

明哲保身为正道

在范蠡帮助勾践完成了大业之后，勾践对他愈发信任，但是范蠡却非常清楚，"飞鸟已散，良弓将藏，狡兔已死，良犬就烹"。既然勾践已经完成了复国的理想，也是他离开的时刻了。

勾践复国之后，范蠡曾经多次上书给勾践，认为自己的使命已经完成，希望能够辞退官职，做个自由人。但是勾践正值用人之际，根本就不想同意，于是就将范蠡的奏疏按下不表。等来等去都等不到回复的范蠡就主动到勾践那儿去询问，不成想勾践直接反驳了他。可是范蠡去意已定，不愿意在庙堂上钩心斗角。勾践直接威胁他，如果他敢离开，就杀掉他的家人。范蠡听闻，就先假装自己已经改变了主意，趁着勾践放松了警惕，就携带着家人连夜出逃了。

范蠡想功成身退了，他甚至将自己的这种想法告诉给文种，并且规劝他说，越王为人，可共患难，不可共富贵。但是文种不听，满心以为等待自己的是加封晋爵，高官厚禄。然而，后来勾践赐文种一剑："子教寡人伐吴七术，寡人用其三而败吴，其四在子，子为我从先王试之。"文种被迫自刎而死。

其实，历史上很多君主到了最后都会选择这条路，尤其是建立了最初政权的帝王，他们更害怕"功高盖主"。这并非是一个君主的狭隘心肠，只能说是历史进程中必不可少的斗争。但是，能够看透这一切的人，才是有大智慧之人，范蠡做到了这一点。

唐代诗人汪遵有一首《五湖》诗，对范蠡大加赞扬："已立平吴霸越功，片帆高扬五湖风。不知战国官荣者，谁似陶朱得始终。"

第三节　功高无二，略不世出
——韩信

人物简介：

韩信，西汉开国功臣，中国历史上杰出的军事家，与萧何、张良并称为汉初三杰。他是中国军事思想"谋战"派代表人物，刘邦评价曰："战必胜，攻必取，吾不如韩信。"韩信被萧何誉为"国士无双"，被后人奉为"兵仙"、"战神"。

一番良言劝汉王

刘邦出身相对卑微，在早期，他似乎并没有太大的野心，尤其是对项羽心生恐惧。关于这一点，韩信在刚刚追随刘邦的时候，就已经发现了。

有一天，刘邦问韩信有何定国安邦的良策。

韩信问："和您一起争天下的人，只有一个项羽，那大王自己觉得，论兵力的英勇、强悍、精良，同项羽比谁高谁下？"

刘邦低头沉默良久，开口承认，自己不如项王。

韩信微微摇了摇头说："我曾经侍奉过项王，不如让我谈谈项王的为人。项王一声怒喝，多少人都会吓得胆战腿软，可是他有一个致命的弱点，就是不能放手任用贤将。如果这样算，他只能算匹夫之勇。再者，项王待人恭敬慈爱，语言温和，甚至能把自己的饮食分给他们。但是，等到部下有功应当封爵时，他却迟迟不肯封赏他们，这是目光短浅。其三，尽管项王独霸天下而令诸侯称臣，然而，他却违背义帝的约定，把自己的亲信和偏爱的人封为王，诸侯对此早就心生抱怨。最重要的一点，凡是项羽军队经过的地方，无不遭蹂躏残害，所以天下人怨恨他，百姓只是在他的淫威下勉强屈服。"

刘邦听闻，立刻就问，"那接下来会怎样，不知你有何高见？"

韩信接着说道："名义上，项羽为天下的领袖，但实质上已失去民心，在这种情况下大王如能反其道而行之，任用天下武勇之人，何愁敌人不被诛灭？把天下的土地分封给功臣，何愁他们不臣服？率领英勇的一心想打回老家去的士兵，何愁敌人不被打散？"

刘邦听后大喜，自此之后，对韩信言听计从。韩信的这番议论，实际上为刘邦制定了东征以夺天下的方略。

众所周知，韩信最早是追随项羽的，但是在项羽那里却得不到重用，转而投靠了刘邦。或许项羽自己都没有想到，他在无意间丢失了一员战将，又在不久之后，败北于这名战将手中。

战神不是白叫的

韩信的军事才能在"汉初三杰"之中为首，当刘邦任命他为将军之后，他曾多次展现出过人的军事才能——定三秦，收韩魏，虏魏王，擒夏说。刘邦看到这样的局势，自然是大喜过望，很快他就派韩信攻打赵国。

攻打赵国是非常险要的一步棋，可以说危险系数极高：第一，赵国为主，韩信为客，无论是地理环境还是地势熟悉程度，客明显逊于主；第二，赵国当时有 20 万大军，韩信却只有 1 万多的兵力，明显是敌众我寡；第三，赵国是在自己家门口迎战，韩信则需要千里奔波，在体力上明显处于劣势。

韩信接受了这个委派，他身边很多谋士都劝他不要轻举妄动，韩信听了之后哈哈大笑，压根就没在意。到达目的地之后，韩信根本就没有让士兵们休息一晚，直接发令，攻打赵国，还扬言说，等我们成功之后回来聚餐。

第二天，天一亮韩信就下令出发，部队就向前进，开始布阵。赵军一看，也拿着武器从军营冲出来了。两军交战到了一起，局势很混乱。但是没过多久，韩信又下令——撤！不仅如此，他还命令士兵把战旗全部扔掉。赵军一看，汉军已然慌忙逃窜，也不去追了，反而是跑去捡旗子——古代打仗，如果拿到敌军的旗子，就会得到重赏。

在此之前，韩信早就派了两千轻骑兵绕道埋伏在赵营旁边，专门等待着赵兵出来抢旗子。趁着这个空当，这两千轻骑兵一拥而进，冲进赵国军营里面，把赵国的旗子全拔掉，把随身带的汉军红旗子都插上，然后高声喊：这个地方是汉国的了！

于是，赵军面临的就是这样一个局面——前方有汉军的水上部队，他们已经被逼到了绝路上；后方自己的大本营也被汉军的骑兵占领。就这样，赵国的士兵溃不成军，一败涂地。

后来，韩信用了十四个字来概括这场战役的要领——"置之死地而后生，置于亡地而后存"。

成也萧何，败也萧何

尽管韩信为汉朝立下了汗马功劳，最终他的结局却是悲惨的，很多人都将韩信之死归结到萧何身上，正应了那句"成也萧何，败也萧何"。

最初，韩信是通过萧何举荐被刘邦任为大将军的。不过韩信刚刚来到汉中投靠刘邦的时候，根本未受到重用，刘邦只是看他千里迢迢来投靠觉得十分不易，随随便便就封了个管粮仓的小吏给韩信。

一天晚上，正值明月当空，韩信心灰意冷准备离开汉营，恰巧被萧何知道了，于是他跨马加鞭去追韩信。这就是历史上有名的"萧何月下追韩信"。

后来，萧何力劝韩信留下，并且拼命向刘邦举荐，说韩信是一个非常有能力的人，刘邦这才答应与韩信见面。

然而，刘邦登基之后，最怕在自己百年之后政权旁落他人，为了刘姓政权的长治久安，必须铲除隐患。他认为在诸位将领中，功劳最大、才能最强、威望最高的功臣就是最危险的敌人。所以，韩信首当其冲，无论如何，也要除掉他。但是，除掉韩信并不容易，刘邦心里非常清楚，即便是自己出马也未必能取胜，其他诸将更不是韩信的对手。

于是，刘邦先是用计生擒了韩信，此时的韩信才明白过来，感叹地说："狡兔死，走狗烹，飞鸟尽，良弓藏；敌国破，谋臣亡。天下已定，我固当烹。"但是刘邦并没有杀他，反而说念其功高且又无罪证，又赦免了韩信，改封淮阴侯。

可是，心高气傲的韩信被削去了王位，再加上想到自己为汉室出生入死，最后落得个如此下场，心里难免对刘邦愤愤不平。于是，韩信私下与被任命为赵国相的陈豨相约，陈豨在北方举事，韩信在长安响应。

公元前 197 年，陈豨果然举兵反叛。刘邦亲自带兵平叛，长安空虚。韩信准备在长安举事，不幸走漏了消息，有人向吕后告发韩信准备谋反。吕后想把韩信召进宫来，又怕他不肯就范，就同萧何商议。最后，由萧何出面，假称北方传回捷报：叛军已败，陈豨已死，邀请韩信进宫向吕后贺喜。韩信哪里想到极力举荐自己而且一向过从甚密的萧何会设计杀害自己。结果韩信刚入宫门，就被事先埋伏好的武士一拥而上，捆绑起来。吕后将这位一代名将带至长乐宫钟室，残忍地杀害了。

韩信之死让很多人都觉得悲凉，甚至会觉得刘邦太过无情。然而，事实上这并非是刘邦一人之过，韩信的确是军事才能出众，但是在为人处事上却过于自大，甚至很多时候居功自傲。

司马迁对他的评价是："韩信即使是一介平民时，志气也是和平常人不一样的。那时，他的母亲过世，家里贫穷，韩信无办法按照当时的礼节安葬母亲。但是，他却寻找到一个风水宝地——地势高并且宽敞平坦，可以容纳上万户人家居住的地方作为母亲的墓地。假使能够让韩信修学道德，养成谦让有礼的品格，不自恃自己的功劳，那就可以功名与福禄齐全了。那么，凭他对于西汉王朝的贡献，就可以和周代的周公旦、召公奭和姜太公齐名，而他的后代子孙也可以长久地祭祀他了。可是，韩信没有花时间去改变自己，反而在天下已经统一、人民得到安定的时候阴谋造反，结果全族受到牵连而被诛杀，这难道不是天意吗？"

第四节　刚柔并济，文雅儒将
——陈庆之

人物简介：

陈庆之，字子云，中国南北朝时期南朝梁将领。少为梁武帝萧衍随从。和其他将领不同的是，陈庆之身体文弱，甚至都难以拉开普通弓弩，不善于骑马和射箭，但是却富有胆略，善筹谋，带兵有方，是一位深得人心的儒将。

被历史埋没的"鬼将"

提到陈庆之，在众多古代"战神"、"大将军"之中，他算是非常特殊的一位。当然，这种特殊并不仅仅是指他身体柔弱、不善骑射，而是指他的成名之路——原本在史籍上，陈庆之属于一个默默无闻的名字，但是现如今在网络上已经堪比大神，被冠以"被历史所遗忘的不世名将"、"七千人战胜五十万的绝世高手"、"东方的汉尼拔"等称号。再加上日本作家田中芳树的中国题材历史小说《奔流》，更是让他成为读者熟悉的一员猛将。然而，我们要说的陈庆之，与其说他是勇将，倒不如说是儒将、"鬼将"。

陈庆之因为自己身体的缘故，在战场上他所能依靠的，并非是一味地武力征服，更多的还是自己的智慧和运筹帷幄的军事领导才能。

公元 525 年，北魏的徐州刺史元法僧在叛乱失败之后请求归降，萧衍便任命陈庆之为武威将军，和胡龙牙、成景俊率领一部分军队去接应元法僧。可以说，这是陈庆之生平第一次领军，当时的他已经 41 岁。作为这位名将的初战，41 岁的年龄实在是太大了。

在顺利地完成了这次接应擒反任务后，陈庆之又被任命为宣猛将军、文德主帅，率领大约两千人护送豫章王萧综进入已经接收了的徐州进行驻守。在中国古代史上，徐州历来是兵家必争之地，而萧梁未费吹灰之力就获得了这块地盘，运气好到让人不敢置信。不过北魏方面当然不会就此罢休，他们马上派出了以安丰王元延明、临淮王元彧两位皇室宗亲为首的将近两万军队来阻止前来接收徐州的梁军。

第一次出战就是在绝对的劣势下进行的，两千人马对两万精兵，如果是常人的话这或许根本就是个"不可能完成的任务"。但是，这次领兵的人是陈庆之，情况就发生了大逆转。

安丰王元延明为了阻止梁军继续前进，派遣部将丘大千安营扎寨，准备在这里大干一场，从而切断梁军前进的路线。然而这个费尽心力建立起来的军营，在陈庆之的攻击下很快就灰飞烟灭了。关于这场战役，史书上记载得非常简略，只是说陈庆之"进薄其垒，一鼓便溃"，意思就是说，陈庆之带领军队逼近了敌人的营垒，只是一通战鼓就将敌人完全击溃了。当年曹刿指挥长勺之战，齐人擂了三通鼓，终究还是大败而归。单凭字面意义我们可能无法领略陈庆之当时的风采，只能通过自己的想象去发挥一下了。

第一次做将军，陈庆之大获全胜，尽管史料上并没有翔实的记录，但不可否认的是，他成功地完成了一次"以少胜多"的战役。作为第一次做将军就能通过自己的谋略，在战场上"以少胜多"，这本身就说明了主将的能力。

一代儒将展英姿

尽管陈庆之在战场上屡战屡胜，鲜有败绩，但他并不是武将出身，而是正经八百的文官。他出生于庶族寒门，自幼就跟随梁国君主萧衍做小书童，但当时萧衍尚未起兵反齐，还只是齐国的一个官员。萧衍酷爱下棋，甚至已经到了废寝忘食的地步，他棋瘾一上来，就随时找人来对弈，就算通宵达旦也丝毫不感疲惫。因为萧衍是高官，所以身边有很多人上前讨好他，可棋艺却达不到水平，只有陈庆之围棋下得特别好，深得萧衍的喜欢。

后来萧衍起兵反齐，成为南梁君主，陈庆之也随之被任命为主书，这个官职是晋朝设立的，隶属于中书省，但是这个职位属于文官。可以说，萧衍之所以任命他这个职务，一方面是因为他在私人情感上和陈庆之关系比较好，另一方面陈庆之自幼比较喜欢读书，萧衍才有这样的安排。

公元 527 年，梁国将领曹仲宗带兵攻伐涡阳（今安徽蒙县），为了应对，北魏就派遣了"征南将军"王元昭等人率领大军 15 万前来抵抗，并让先锋部队到达驼涧，这里距离涡阳只有四十里，两军开战在即。

听到这个消息之后，陈庆之决定立刻前去迎战，但是作为曹仲宗副手的参军韦放却认为，北魏的前锋部队一定是精锐的骑兵，即便战胜了，也不足以影响整场战事。可是如果失利的话，将影响整个军队的士气，从而影响全局。他甚至还引用了一通兵法上所谓的以逸待劳的道理，劝陈庆之不要出击。

陈庆之听完之后却不这样认为，他非常自信地说："北魏的军队从他们的领地长奔而来，早就人疲马倦了，况且现在离我们的距离并不是非常近，他们一定以为我们不会主动攻击。在他们尚未和大队人马汇合之际，我们应该趁机挫挫他们的锐气。而且，我早听说北魏军队所驻扎的营寨林木丰盛，夜里一定不敢出来巡视。如果你们对我的决策有异议，那么我陈庆之一个人率军去攻击他们。"尽管陈庆之的态度非常明显，可是曹仲宗和韦放都不愿冒险进攻。

于是，陈庆之独自带领直属部队（只有 200 余精兵）长途奔袭，连夜一举击破北魏的先锋部队，致使北魏援军士气大跌，人人震恐，援军部队停滞不前。值此良机，陈庆之回到营寨马上和大部队一起连夜将部队开至涡阳城下，与北魏的援军相持不下。

再后来，这场围攻涡阳的战役持续了大半年，期间经历了大大小小上百场战役，双方的军队早已筋疲力尽。此时，北魏已经派出援兵，并且在梁军的后方安营扎寨、筑起营垒，这个举动不断威胁着梁军的补给线。

曹仲宗和韦放等人看到此情此景，都很担心最终会造成腹背受敌的局面，于是就提出在被包围之前撤军。然而，陈庆之强烈反对，甚至拿出梁武帝御赐给他的节仗（类似于尚方宝剑的物品），在军门前大喊："当初，我们豪情壮志地来到这里，经历了大半年的光景，耗费了国家大量的粮草和金钱。我们曾经成功过，也经历过失败，可是现在呢？看看我们大部分的士兵，当初的斗志都哪里去了？你们现在都在谋划如何退缩，那当初你们想要立下功名报效国家、相聚在一起讨伐敌人的表现呢！兵法上说，只要将自己置之于死地，不畏惧死亡，就有获得生存和胜利的希望，这就是'置之死地而后生'！只要我们大家同心协力，共同讨伐敌人，就能赢得真正的胜利！如果你们现在仍然要说这样的丧气话，那就别怪我用手上的圣上密敕来惩罚你们！"

陈庆之的一席话让在场的众多士兵都重新鼓舞了士气，曹仲宗等人也不好再说什么，只能依从陈庆之的计划，由他率领作战。

北魏的援军在交战的期间用皮绳将横木围成营寨，在营垒前设置下鹿砦和拦马桩。为了击破这些障碍，陈庆之率领一部分精锐部队，在某一天夜里对北魏的营垒发起夜间突袭，一口气就攻陷了其中的四个，涡阳城的守将王纬为陈庆之的勇毅所折服，投降于梁国。此后，陈庆之又趁机擂起战鼓奋力进攻，一仗打下来，车甲狼藉，尸横遍野。

对于陈庆之此次的胜利，梁高祖萧衍大加赞赏，亲自写了诏书称他是："本非将种，又非豪家，觖望风云，以至于此。可深思奇略，善克令终。开朱门而待宾，扬声名于竹帛，岂非大丈夫哉！"

然而，陈庆之更喜欢研读兵法，并且通过围棋钻研了很多兵法上的谋略。据《梁书》记载，陈庆之"射不穿孔，马非所便"，说明陈庆之并非与那些依靠武力征服战场的武官相同。其实在中国古代史上，也有一些这样出身的将军，比如明朝末期的袁崇焕，同样也是文官出身，但是相比较之下，陈庆之在谋略上更高一筹。在他的一生之中，无数次驰骋沙场，却从来没有一次败绩，并且常常"以少胜多"，在劣势中完成大逆袭。毛泽东都曾在多次阅读《梁书·陈庆之列传》后感慨："再读此传，为之神往。"

第 4 章

应运而生，见机行事——机智赢得人生

机智，是我们每个人都渴望获得的，它是智慧的象征。但是机智并不仅仅是智商，更多的是情商的运用。在社会中，我们常常会遇到各种各样的刁难，这并非是在考验我们是否聪明，而是在考验我们是否能运用我们的智商、情商度过一次次的危机。

第一节　权倾天下，功高盖世
——郭子仪

人物简介：

郭子仪，唐代著名政治家、军事家。早年以武举高第入仕从军，积功至九原太守，一直未受重用。安史之乱爆发后，郭子仪任朔方节度使，率军勤王，收复河北、河东，拜兵部尚书、同中书门下平章事。他被尊为"尚父"，进位太尉、中书令。次年，郭子仪去世，赐谥忠武，追赠太师。

平定安史之乱

郭子仪之所以能够在唐朝获得世人的尊重，和他在唐朝最危急的时刻挺身而出，并且成功扭转了形势是分不开的。众所周知，唐玄宗时期，由于唐玄宗沉迷于杨玉环的美貌，怠慢政事，国事长期被李林甫、杨国忠把持，但他二人只知搜刮民财，造成了朝政腐败，让安禄山有机可乘。"安史之乱"是整个唐朝重大的转折点，让唐朝从"盛世"转到了"衰亡"。但我们跳开历史当时的时局，就能看出整个历史的脉络——如果"安史之乱"没有被平定，唐朝就会提前数十年、上百年被结束，所以说，郭子仪对于整个唐朝的贡献是很大的。

公元755年，"安史之乱"爆发，就在这个危难时刻，郭子仪被封为卫尉卿、灵武郡太守、朔方节度使，率领部队向东讨伐安禄山。很快，郭子仪就收复了静边军，斩杀叛将周万顷，又在河曲击败叛将高秀岩，收复云中、马邑，开通东陉关，因功加封为御史大夫。到了756年，叛军攻破常山郡，占领河北全境。很快，李光弼就收复了常山，而郭子仪也兵出井陉关，与李光弼一同击破史思明，平定藁城。之后，郭子仪南攻赵郡，斩杀叛军任命的太守郭献璆，回军常山。

郭子仪返回常山时，史思明又集结兵马尾随其后。郭子仪命骁骑轮番挑战，趁叛军疲惫之机，在沙河将其击败。安禄山听说河北战事失利，便派遣精兵增援。郭子仪先击破史思明部，又在嘉山击破叛军援军，史思明逃回博陵。在郭子仪兵威之下，河北各郡县都斩杀叛军守将，迎接朝廷军队。郭子仪正欲北征范阳，便接到"哥舒翰败，天子入蜀，太子即位灵武"的消息，于是与李光弼率军奔赴行在。

赶到之后，他被唐肃宗任命为兵部尚书、同中书门下平章事兼朔方节度使。不久，宰相房琯在陈涛战败。这个时候，唐军队损失大半，勉强倚靠朔方军为根基。此后，叛将阿史那从礼率五千骑兵，引诱河曲九府等进攻行在。郭子仪与回纥首领葛逻支联兵进击，俘虏数万，终于平定河曲。

在短时间之内，郭子仪就成功地打击了安禄山的势力。像这种叛乱对于任何一个朝廷来说都是致命的打击，郭子仪凭借着自己的军事才能，在这种危急时刻力挽狂澜。我们不妨试想一下，如果这次的危机时间持续很长一段时间，那么这个混乱局面就充满了变数，甚至会有其他心怀不轨之人浑水摸鱼。但是郭子仪站出来了，用自己的满腔热忱和责任感成了唐朝的顶梁柱。

策略上的智慧

当然，郭子仪之所以能够在这个时期用很短的时间平定战乱，自然是在军事才能上有他的过人之处。除了"安史之乱"，在此之后，郭子仪平定回纥、再复长安、抵御吐蕃，都依靠着自身的军事指挥能力。除此之外，他非常善于运用自己的部队，作为一个统帅，郭子仪深知自己部队的士兵以及每一个副手的长处和短处，和他合作过的将领都臣服于他的威严。所以，郭子仪能够做到充分利用一切有利于自己的因素，从而取得胜利。

郭子仪手下有一名大将叫仆固怀恩，这员大将早在平定"安史之乱"的时候就开始跟随他，并且在战场上立过战功。然而，他不满唐王朝给他的待遇，发动叛乱，还私自派心腹跑去和回纥、吐蕃两方势力联络，欺骗他们说，郭子仪已经被宦官鱼朝恩杀害，要他们联合反对唐朝。

回纥和吐蕃一听，唐朝失去了郭子仪，就等于失去了保护自己的铜墙铁壁，于是决定趁机侵略唐朝。765年，仆固怀恩引领着回纥、吐蕃两方势力的几十万大军进攻长安。"善恶到头终有报"，没想到仆固怀恩在半途上染上恶疾，很快就病死了。尽管没了领路人，回纥和吐蕃也不打算收手，于是他们继续进攻。边境上的唐军因为实力悬殊，节节败退，回纥、吐蕃联军一直打到长安北边的泾阳（今陕西泾阳），就连国都长安也受到威胁。

如此一来，唐代宗和朝廷上下的文武百官都震惊了。怕事的宦官鱼朝恩劝代宗再一次逃出长安。众大臣都极力反对，并且主张让郭子仪再次披甲上阵，保卫河山。

那时候，郭子仪正在泾阳驻守。他一听说边境遭到袭击，一面吩咐将士构筑防御工事、不许跟敌人交战，一面派探子去侦察敌军的情况。

郭子仪的心腹打探完消息回复他说，回纥和吐蕃两支大军虽说是联军，但由于各自心怀鬼胎，其实内部并不团结。他们本来是仆固怀恩引进来的，仆固怀恩一死谁也不愿听谁的指挥，两股力量根本捏不到一块儿去。

郭子仪一听就想到了对策，他决定采取分化敌人的办法。回纥的将领过去跟郭子仪一起打过安史叛军，算是有点交情，郭子仪就决定先把回纥将领拉过来。当天晚上，郭子仪派他的部将李光瓒偷偷地到了回纥的大营，去见回纥都督药葛罗。

李光瓒对药葛罗说："郭令公派我来问你，本来回纥和唐朝友好，为什么要听坏人的话，来进攻我们呢？"

药葛罗奇怪地说："郭令公还活着？听说郭令公早已被杀，你别骗人了。"

李光瓒告诉药葛罗，郭令公现在就在泾阳。但是回纥将领说什么也不相信。他们说：要是郭令公真在这里，那就请他亲自来见个面。

直到这个时候，郭子仪和回纥将领才明白，原来是上了仆固怀恩的当。在郭子仪和回纥将领见面之后，郭子仪就提议说："既然现在真相大白了，如果你们继续和吐蕃一起进攻唐朝，那么我也一定会与你们为敌，到时候我们就只能战场上见了。这是你们的意愿吗？"

回纥将领们立刻回复道："我们当然不愿和郭令公您为敌了。"

郭子仪便趁机建议道："吐蕃现在也来侵犯我大唐，我们自然要反击，如果你们愿意和我们联手，对你们也会有一定的好处，当然你们也可以袖手旁观，如果我们打胜了，那自然和你们没关系，如果我们失败了，吐蕃早晚都会侵略你们，到那个时候你们想要反抗，或许已经无能为力了。"

听郭子仪这样说，回纥将领们立刻表示愿意和唐朝合作，并且双方签订了盟约。吐蕃阵营一听说这个消息，连夜就带着大军撤走了。

郭子仪利用自己的威信，不费一兵一卒，就解决了这次大唐王朝的危机，不得不说，郭子仪的策略是非常精明的。其实这样的战争，在历史上唐朝并非是唯一一个遇到的，比如宋朝，但是宋朝却没有选择好合作伙伴，最终导致了灭国的悲剧。郭子仪非常聪明地点破了这次伪合作后面的危机，让回纥认清吐蕃的狼子野心，并且利用一点点好处，就让回纥同意和自己合作。

功高不盖主

郭子仪一生之中平定安史之乱，平定吐蕃、回纥，立下无数汗马功劳，可以说是一位非常出色的军事家。但是，值得一提的是，郭子仪真正让人敬佩的，不仅仅是他的军事才华，还有为人处世的大智慧。

历史中有很多有军事才华的能人志士，但是能像郭子仪这样，戎马一生，屡建奇功，同时做到"权倾天下而朝不忌，功盖一代而主不疑"，举国上下享有崇高的威望和声誉的就少之又少了。

与郭子仪同朝为官的还有唐朝著名将领李光弼，他们一同在朔方镇做将军。尽管两个人如此有缘，但是他们的关系并不太好。这也并不难理解，同朝为官总会相互比较，相互不服气。

尤其是在安史之乱爆发之后，两个人的关系发生了改变。唐玄宗提升郭子仪任朔方节度使，位居李光弼之上。李光弼怕郭子仪刁难他，一度想要调到别的方镇去。这时皇帝决定让郭子仪挑选一位得力的大将，一同去平定河北。郭子仪出以公心，推荐了李光弼。

李光弼以为郭子仪此举是要借刀杀人，让他去战场送死。在临行前他对郭子仪说："我甘愿赴死，只求你不要再加害我的妻子儿女好吗？"

郭子仪听到之后非常诚恳地说："现在国难当头，我器重将军，才点你的将，愿与你共赴疆场讨伐叛贼，哪里还记着什么私愤呢？"李光弼听了非常感动。两人手扶手相对跪拜，前嫌尽释。

郭子仪如此宽容待人的品行使得他功德越高人们越尊重他，连吐蕃、回纥都称他为神人，甚至皇帝都不直接呼他的名字。这也是郭子仪和其他能人志士不同之处。

第二节　扪虱谈天下的关中良将
——王猛

人物简介：

王猛，字景略，十六国时期著名的政治家、军事家，在前秦官至丞相、大将军，辅佐苻坚扫平群雄，统一北方，被称作"功盖诸葛第一人"。

决心出山

曾经有人这样形容他说："王猛是中国成功的伟大政治家之一，在他之前有诸葛亮，在他之后有王安石，诸葛亮欠缺军事上的成就，王安石欠缺坚强的支持力量，所以王猛得以独展长才，把一团乱糟糟的流氓地痞、土豪恶霸硬是凝结成金钢；不但国泰，而且民安。距今虽已一千余年，但仍使我们对于那个辉煌的时代怦然心动。可惜王猛早逝，假使上苍延长他十年二十年寿命，他带给社会的政治轨道会更巩固。"

王猛25岁那一年，成为他人生的转折点，由此改变了他的人生轨迹。

当时，北方的战乱愈演愈烈，时局混乱不堪，政局瞬息万变。王猛一直心怀大志，想要成就一番事业，然而，在这种动荡的时局里，所有的能人志士都希望觅得良主，他也不例外。但是，在寻求良主这条道路上，王猛却并不顺利。

这种混乱的情况一直持续到公元354年，其间东晋荆州镇将桓温北伐，他击败了苻健，驻军灞上（今西安市东），并且在地方上关爱百姓，赢得了关中父老争以牛酒迎劳，男女夹路聚观。

这时候，王猛认为自己找到了明主，他身穿麻布短衣，走到桓温大营的门口求见。桓温听说有一个布衣前来，并未因此而怠慢，相反他很热情地请王猛谈谈对时局的看法。于是在大营之内就有了这样一个奇特的场景——王猛在大庭广众之下，一面捉掐虱子，一面纵谈天下大事，滔滔不绝，旁若无人。

桓温心中暗暗称奇，便脱口问道："我奉天子之命，统率十万精兵讨伐逆贼，为百姓除害，而关中豪杰却无人到我这里来效劳，这是什么缘故呢？"

王猛直言不讳地说道："你不远千里深入寇境，长安城近在咫尺，但是您却不渡过灞水去把它拿下，大家现在处于远观状态，摸不透您的心思，所以不来。"

王猛这番暗带机关的话触及了桓温的心病，他默然久之，无言以对，同时越发认识到面前这位扪虱寒士非同一般。过了许久，桓温才抬起头来慢慢说道："江东没有一个人能比得上您的才干！"

原本桓温想要将王猛留在自己的营房之内，为自己所用，但是王猛的老师极力反对，也只得作罢。

355年局势再次发生变化——苻健去世，继位的苻生残忍酷虐，以杀人为儿戏。这个场景让苻健之侄苻坚更是忧心如焚，于是他决定除掉苻生。恰好尚书吕婆楼向他力荐王猛，他也决心去看望这个被人称作奇才的能人。

可以说，苻坚与王猛一见如故，相逢恨晚，两个人谈及兴废大事，句句投机，苻坚觉得就像刘备当年遇到诸葛亮一样，如鱼得水。于是，王猛留在苻坚身边，为他出谋划策。357年，苻坚一举诛灭苻生及其帮凶，自立为大秦天王，改元永兴，以王猛为中书侍郎，执掌军国机密。

其实对于王猛来说，无论是恒温还是苻坚，都是难得一见的良主，但是命运最终让他选择了苻坚，并且成为苻坚身边的得力谋士，甚至可以说是他的左膀右臂。

精明如他

在获得了王猛的辅佐之后，苻坚常常把自己形容成为刘备，而王猛就是他的诸葛亮，由此可见，双方感情极为深厚。当然，王猛也的确称得上是苻坚身边的"赛诸葛"，不仅仅是在谋略上，就连"鞠躬尽瘁、死而后已"这样为国为民的胸怀，王猛都非常符合。

王猛刚刚上任，就发生了一件事情，当时的始平县是京师的西北门户，地位极为重要。长期以来，一直是强盗横行，这让百姓叫苦连天。得知这个消息之后，苻坚就派王猛担任始平县令。

王猛抵达始平县，立刻展开了行动——明法严刑，禁暴锄奸，雷厉风行。但是一般而言，每个地方上都有一个恶霸，这里也不例外。王猛深知，如果不除去他，这里的百姓根本就不会相信朝廷，于是就把他当众鞭死。奸吏的狐群狗党起哄上告，上司逮捕了王猛，押送到长安。

符坚闻讯，亲自责问王猛："为政之体，德化为先。你莅任不久就杀掉那么多人，不是太残酷了吗？"

王猛听到之后，反而平静地回答说："我听说过这样的道理：治安定之国可以用礼，理混乱之邦必须用法。陛下不认为臣无能，让臣担任难治之地的长官，臣一心一意要为明君铲除恶徒，这才杀掉一个奸贼，以后还有成千上万的家伙尚未伏法。如果您因我不能除尽残暴、肃清枉法者而要惩罚我，臣自当领罪。但如果就现在的情况而论，加给我'为政残酷'的罪名而要惩罚，臣实在不敢接受。"

符坚听到他这样说，非但不生气，反而大声叫好，原来他就是想考验一下王猛会不会因为权贵而失去自己的原则。果然，王猛没有让他失望。于是他向在场的文武大臣说："王景略可真是管仲、子产一类人物呀！"于是赦免了王猛擅杀官吏之罪。

然而令人惋惜的是，王猛51岁便病故了，让一直走在上升道路的前秦戛然而止。更为遗憾的是，符坚后来忘记了王猛的遗教，他不顾群臣的普遍反对，悍然调集90余万大军进攻东晋，结果在淝水（在今安徽境内）之战中一败涂地。

在那个时候，符坚忘记了王猛曾经叮嘱再三要除掉的鲜卑、羌族上层阴谋分子，如慕容垂、慕容冲、姚苌之流，正因为他们未被除掉，这时趁机举兵造反，纷纷割据自立，就这样把前秦的江山搅得七零八落。

据说，王猛临终遗言（包括疏文）只有寥寥数语，却都是关系到前秦国家的兴衰存亡的重要言论，可谓一言九鼎，字字珠玑。他死后八年的历史结局完全证实了他非凡的远见。符坚在淝水惨败后经常痛悔自己忘记王猛遗言的大错，但悔之晚矣，终成千古之恨。

第三节　儒将之雄　高水准的能臣
——裴行俭

人物简介：

裴行俭，唐高宗时名臣，隋将裴仁基之子。由于他文武兼备，高宗特授礼部尚书，兼检校右卫大将军。同年，东突厥反叛，裴行俭以定襄道行军大总管统兵出击。开耀年间，以反间计逼伏念执温傅来降，余众悉平。他善于识拔人才，军中提拔的将领多成为一代名将。代表著作有《选谱》十卷和《草字杂体》。

一代儒将之雄

"儒将"这个称谓，可以说是中国历史的特产。"儒将"一般指人文质彬彬而纵横沙场。在前文中我们提到过唐朝第一员猛将李靖，而现在我们要说的则是唐朝最有名的一代"儒将"——裴行俭。

相传，裴行俭一出生就背负了一家血海深仇和复兴希望。虽然史书上并没有明确记载，但在改朝换代的战争动荡中，一对失去了家庭依靠的孤儿寡母相依为命，艰难生存，可想而知，裴行俭的童年想必是充满艰辛的。

然而，幸运的是，在他少年时，"贞观之治"的时代来临了。作为名门后裔，烈士遗孤，裴行俭得到了很好的照顾和培养。

在裴行俭十几岁的时候，他遇到了那个改变他一生前途命运的人——苏定方。当时苏定方偶然间遇到了裴行俭，甚奇之，说"吾用兵，世无可教者，今子也贤"。用现代话说就是：我的用兵之道，满世界都找不到可以传授的人，你就是那个完美人选，就这么定了！

紧接着他就非常热心且真诚地把自己从李靖那里学到的兵法奇术加上自己的实践经验一股脑地灌输给了裴行俭。而这些在裴行俭今后辅佐唐高宗之时都运用起来。

> 公元 679 年，吐蕃赞普去世，他年仅八岁的儿子在宰相论钦陵等拥立下继位。唐高宗得知赞普去世的消息之后，便动了些小心思。他命令裴行俭趁机进攻吐蕃。
>
> 但是裴行俭却说："钦陵为政，大臣辑睦，不未可图也。"意思就是说，论钦陵处理政事，大臣都心悦诚服，不是攻打他的最好时机。唐高宗听了之后，也就不再准备有所行动。

其实原因并非是这样的。吐蕃赞普虽然过世了，从表面上看，这的确是进击的最佳时机，但在此之前一年，裴行俭吏部的同事李敬玄在青海战役中被吐蕃大败，导致工部尚书刘审礼被俘（后病殁于吐蕃），18 万军队几乎全军覆没。再加上此时大部分的兵力都消耗在东边高丽的战局上，西北部又有西突厥阿史那都支与他的别帅李庶匐虎视眈眈。这一连串的边疆告急早就让他们焦头烂额，首尾难顾，如果再贸然出兵吐蕃，那简直是不敢想象的灾难。所以，裴行俭对全局做出了正确的判断，从而避免了唐攻吐蕃的严重后果。

没有兵器的一代名将

裴行俭是初唐最著名的儒将之一，其他还有刘仁轨等。儒将特点是以文统武，他们不习武艺但精通兵法，不会亲自上阵带兵杀敌，"运筹帷幄之中，决胜千里之外"，有点像军师，但军师没有武职，而儒将是军职在身的将军。裴行俭的兵法师从苏定方将军，而苏将军是军神李靖的徒弟，所以裴行俭是军神李靖兵法的第三代传人，兵法相当了得。也许正是因此裴行俭才会有如此光辉的战绩。因为他是文人出身不会武艺，所以没有兵器。

隋唐时期，突厥一直是汉族的心腹大患，此时的唐朝也不例外。当时，西突厥阿史那都支与他的别帅李庶匐进兵安西，时刻威胁唐在西域的统治。同年六月，朝廷商议发兵讨伐西突厥。

裴行俭在朝廷上对文武百官们提议道："眼下吐蕃气焰嚣张，又值李敬玄战败、刘审礼阵亡，我们怎么能再出兵西方？眼下波斯王已经去世，他儿子泥洹师作为人质还留在京师长安，不如这样，我们派使者将送他回国，在途经阿史那都支和李庶匐统治区时，见机行事，这样就可以不用通过战争就将他们擒获。"

唐高宗一听，立刻觉得这是一个妙计，便采纳裴行俭的意见，并且任命他为安抚大食国使者，由他带兵护送泥洹师回国，册立为波斯王。

裴行俭曾任西州长史，又是奉诏出使，所以一路上当地官吏和百姓都到郊外迎接。裴行俭借机散播消息，他将当地豪杰子弟千余人招来充当自己的随从，而且四处扬言"天气太热，不适合远行，等待天气凉爽后再西进。"

阿史那都支听到这个消息后放松了警惕，于是裴行俭便从容不迫地召集龟兹、毗沙、焉耆、疏勒等地胡人酋长，对他们说："从前我在西州的时候，打猎是很愉快的一件事，只可惜我进京后公务繁忙，渐渐地就失去了这个乐趣。眼下难得如此闲暇，你们谁愿意同我一起打猎去？"

有这个难得的巴结的机会，众人自然是争相要求随行。裴行俭佯装打猎，巡游旷野，实则是加紧练兵，整编队伍。

几天之后，他们迅速西进到距离阿使那都支部落十多里处，早先裴行俭派遣与他亲近的人去向他问候，借此表明自己就是个路过打酱油的，造成并非要讨伐袭击他的假象，然后又派使者通知他要马上召见他。

阿使那都支原先与李庶匐约好，到秋天时一起正式抗拒唐朝使者，突然听说唐军到达，一时也想不出别的办法，只好率领五百多人出来迎接，但是他们没想到的是，这一出来立刻被裴行俭果断擒获。紧接着，裴行俭又用阿使那都支的令箭召集他的属下，把他们一起押送到安西碎叶城。然后挑选精锐骑兵，轻装前进，日夜兼程突袭西突厥别帅李庶匐。

在进军的途中，他又俘获阿使那都支从李庶匐处返回的使者和与他同行的李庶匐的使者。不过裴行俭身为一代儒将，自然不会为难李庶匐的使者，他假意将他放回，实则是让他去通知李庶匐，说阿使那都支已经就擒，大军正在进发。

李庶匐见阴谋败露，在无奈的情况下也投降了。于是，裴行俭押阿史那都支和李庶匐回长安，打发波斯王自己返回他的国家，留王方翼于安西，让他修筑碎叶城，并刻石碑以记功。

在中国古代史上，"儒将"是一个非常特殊的存在，但是他们都有一个共同的特点——重策略，不重武力；重思维，不重兵力——所以他们才能在战场上获得先机和战机。

第四节　文筹武略，万人之英
——周瑜

人物简介：

周瑜，字公瑾，汉末名将，洛阳令周异之子，长壮有姿貌，精音律，江东有"曲有误，周郎顾"之语。正史上评价周瑜"性度恢廓"，"实奇才也"，范成大誉之为"江左风流美丈夫"。

自是风流的大丈夫

周瑜这个名字早就随着《三国演义》传遍了千家万户，但是想必千载之前的周瑜并不会因此而感到光荣，而是觉得委屈。在小说中，周瑜被写成了一个心胸狭隘、算计他人、搬起石头砸自己的脚的大都督。而他的结局竟然是被诸葛亮活活气死，"三气周瑜"、"赔了夫人又折兵"、"既生瑜何生亮"也被人看作是历史典故。如果周郎地下有知的话，估计会被"气活"了吧。那么历史上，周瑜究竟是一个什么样的人呢？他和诸葛亮之间是否有过交手呢？

根据史书《三国志·吴书·周瑜传》记载：周瑜出生在庐江郡舒县，也就是现在的安徽舒城。说起周瑜的长相来，他个头高大，身材健硕，容貌俊秀，一表人才，绝对能和现在的偶像明星相媲美。周瑜自幼学习兵法，在他20岁那年，也就是公元195年，孙策决定要平定江东。周瑜和孙策是同一年出生的，而在此之前，孙策的父亲孙坚在起兵讨伐董卓的时候，一直都住在周瑜家里，所以周瑜和孙策的关系非比寻常，说是亲兄弟都不为过。当他得知孙策要平定江东时，二话不说，立刻找到孙策，加入他的队伍。

看到周瑜投奔自己，孙策非常高兴，甚至拍着他的肩膀说："兄弟，你来了可真是太好了，只要有你在，这事情一定能办成！"

孙策在击败了刘繇后，兵力已经增加到了数万人马，他很有自信，认为平定吴郡、会稽郡是必需的，绝对不会出现任何问题，于是他就让周瑜回去和叔父共同镇守丹杨。但是没过多久，袁术就把自己的堂弟派到了丹杨做太守，把周瑜和他的叔父调到了寿春，其实这是袁术的一种手段，因为他也看上了周瑜，认为他是难得的人才，想要任命他为部将。但是周瑜却看不上袁术，认为他不会大有作为，就随便找了个借口离开了丹杨。

公元 198 年，周瑜再一次回到吴郡孙策身边。听到士兵来通传，孙策亲自上前迎接，并且直接授予他"建威中郎将"的官职。当时孙策本身也只是个将军身份，这个"中郎将"的职位原本是不存在的，是孙策私自授权的，地位仅次于将军，足见孙策对周瑜的重视程度。那一年，周瑜才 24 岁。

年纪轻轻的周瑜刚一出道，就被孙策封为了"中郎将"，在事业的开始就赢在了起跑线上。其实，孙策这样做不仅仅是因为他们的私交好，而是因为周瑜就是庐江郡人，在当地也颇有威望。孙策派他去庐江郡驻守长江下游的重要渡口牛渚，也就是今天的安徽当涂县北，又叫采石。

没过多久，孙策果然有了大动作，他想要夺取荆州，就任命周瑜为"中护军"兼任江夏太守。不过在准备出兵之前，孙策给周瑜和自己找了两位美女——大乔和小乔。要说起大乔和小乔的美貌，那绝对是沉鱼落雁、闭月羞花。

这兄弟两个解决了家里的事情之后，就开始真正地扩充吴国的地盘。195~200 年这五年的时间，恰好就是周瑜在混战中崭露头角的时间，成为帮助孙策奠定江东基业的第一功臣。当周瑜名震江东成为孙氏政权开国元勋的时候，诸葛亮还只能在家里做"乖宝宝"呢。

公元 200 年，孙策突然遇刺不治身亡，年仅 19 岁的孙权继承了江东掌门人的帅印，对于这位年纪较小的少主，周瑜非常尽心地辅佐，而孙权对周瑜也非常尊敬。在孙策弥留之际，他曾经对孙权说过："外事不决问周瑜。"意思是说"你要是有事情很犹豫，有疑问，你就去找周瑜"，这和"刘备托孤"的含义差不多。

赤壁之战的真正内幕

纵观中国古代的战争，"赤壁之战"名气最大，而在小说《三国演义》中，它也是全书最重要、规模最大、人才最集中的战事。据《三国演义》中的描述：公元208年，曹操已经基本上完成了北方地区的统一，于是不安分的他又打起了南方的主意。这一年的七月，他便率领数十万大军，挥军南下。而这个时候，诸葛亮跑到东吴，和众多文武百官舌战，口若悬河地说服了他们，之后他又去和周瑜说："你知道曹操这一次为什么要动用这么多兵力吗？因为他看上了大乔和小乔。"诸葛亮这样一说，周瑜当然非常生气，一个是自己的嫂子，一个是自己的女人，他如何能忍受这样的屈辱，当然同意和刘备联合起来对抗曹操。在此之后，就是大家非常熟悉的"草船借箭"和"借东风"了。可以说，在《三国演义》中好像完全没有周瑜什么事，他既不是赤壁之战的主将，也没有起到什么作用。当然这只是小说中的内容，但在广泛流传的过程中被很多人认为就是真实发生的。

事实是，在赤壁之战过程中，诸葛亮与周瑜各展才能，但唱主角的是周瑜，诸葛亮至多也只能算个戏份多的配角，所起的作用是无法跟周瑜相比的。在真实的历史中，诸葛亮只是在促使孙、刘联盟时起到了一部分作用，为什么说是一部分呢？因为促成双方联盟，还有鲁肃也从中起到了作用。所以说，诸葛亮的作用是很有限的。而周瑜不然，从决策到军事行动，他都是举足轻重的关键人物。

当时，曹操在取得荆州之后，就指挥他所谓的80万大军沿着江陵水陆并进，他还给孙权发去一封信，说"今治水军八十万众，方与将军会猎于吴。"这也是一种心理战术，希望孙权能够有朝一日归顺曹营。接到这封信之后，孙权让手下群臣都传阅一遍。这些大臣们都惊慌失措，没了主见，有人说要迎战，也有人说避开曹操的风头，只有鲁肃偷偷在孙权的耳边说："你不要听从这些人的，他们都是出于自己的利益考虑问题。"孙权想了想，只好召回了身在鄱阳的周瑜。

周瑜从鄱阳回来之后，坚持主战。他向孙权分析说："曹操虽然统一了北方，局势并不稳定。马超、韩遂割据关西，威胁着他的后方，他令部队舍弃熟悉的鞍马，登上生疏的战舰来进攻我们，正是舍长就短。如今天寒地冻，牛马缺草，北方士兵进入江湖地带，水土不服，必然要生疾病，这些都是用兵的大忌。曹操如此贸然行事，岂有战胜之理！要打败曹操，正是好时机。请给我几万人马，前去破敌。"孙权听了周瑜陈述非常激动，他抽出宝剑，砍去书案一角，厉声说："谁敢再说投降，就和这案角一样！"

当天晚上，周瑜又对孙权说："根据我的侦察，曹操从北方带来的军队只有十五六万，已经疲惫不堪，新得的荆州军队最多七八万，对曹操还存着疑惧心理。这样的军队，人数虽多，但并不可怕，请将军放心，只要给我精兵五万就能打败曹操。"孙权听了，抗曹决心更加坚定，马上任命周瑜、程普为左正副指挥，鲁肃为参谋长，率精兵三万西上，会合刘备，迎击曹军。

不出周瑜所料，曹军初到南方，水土不服，疾病迅速流行，加上受不了长江上的风浪颠簸，士气迅速下降。为了减轻晕船，曹操令部队用铁索将战船连接起来，上面铺上木板，以降低战船的摇摆度。部将黄盖觉得这是一个可以利用的好机会，就向周瑜献计说："敌众我寡，长期相持对我军不利。现在敌船用铁索连锁，首尾相接，可用火攻来打败曹操。"周瑜同意这一意见，并商定由黄盖写信向曹操诈降，以便接近曹船。曹操得到降书之后，考虑信中说得合情合理，就相信了，并与送信人约定了接受黄盖投降的时间和信号。

周瑜令黄盖事先准备好了十艘名叫艨艟、斗舰的大战船，在船上装满了干柴，灌上硫黄，浇上油料，外面用布蒙好，插上了约定的旗号，在每船后面拴上一条小船。11月的一天，黄盖率领十艘大船向北岸急驶而去，快接近曹军战船时，黄盖命令士兵举火，同时高喊："黄盖投降来啦！黄盖投降来啦！"曹军信以为真，纷纷走出船舱观望。黄盖命令10艘大船同时发火，然后跳上小船退走。这天正好刮着猛烈的东南风，火借风势，风助火威，顷刻间，曹军的战船烈焰冲天，又因被铁索连着，仓促间无法拆开、疏散，很快就淹没在一片火海之中。由于火大风猛，又延烧到岸上的曹军营寨，曹军烧死、淹死者不计其数。周瑜率领孙刘联军乘势猛杀过来，曹军士兵多有疾病在身，被杀得人仰船翻，曹操仓皇地带着残兵败将，从陆路经华容道向江陵逃去。途中人马自相践踏，兵力伤亡已超过大半。周瑜、刘备水陆并进，一直追到江陵城下。曹操率残部撤回北方。

在"赤壁之战"中，周瑜是吴军都督，也是联军统帅。这样看来，他可以算是孙刘联军的指挥者，他当时肩负统帅重任，不管是人品还是战术都令刘备肃然起敬。据史料记载，刘备从樊口去见周瑜，听说了周瑜这边只有3万人马，就提出叫鲁肃前来商议。可是周瑜反驳了他："我既然接受了军令，绝对不会随意委托别人代理，如果刘先生想要去见鲁肃，改日你自己登门拜访他吧。"这一句话听着有些冷淡，甚至有点泼冷水的意味，但是刘备却在听完之后既惭愧又高兴，高兴的是看到周瑜在治军方面如此严明，亲力亲为。

而且在曹操兵败之后，他也曾经给孙权发过去一封信，上面说："赤壁之役，值有疾病，孤烧船自退，横使周瑜虚获此名。"什么意思？这是在说"赤壁之战你们虽然赢了，但是并不是你们的功劳，而是我军突然得了传染病，没有办法的时候才只好把船给烧了，不是你们厉害，让周瑜妄得了虚名。"虽然这是曹操在给自己找回面子，但同时也证明了

"赤壁之战"的主要功臣是周瑜，而非诸葛亮。

走下神坛的周瑜

关于周瑜，很多不太了解历史的人都会认为他是个小心眼的男人，是个处处针对诸葛亮的男人，甚至会送给他"小心眼将军"的绰号。但是翻开正史，我们却看到，周瑜是个非常完美的人，他军事才能出众，品德高尚，再加上长得漂亮，完全是偶像实力派的。

大家非常熟悉的那首《念奴娇·赤壁怀古》中就有这样的诗句："遥想公瑾当年，小乔初嫁了，雄姿英发，羽扇纶巾，谈笑间，樯橹灰飞烟灭。故国神游，多情应笑我，早生华发。人生如梦，一尊还酹江月。"苏东坡短短的几句话，就为我们勾勒出一个英姿勃发的周瑜形象。

其实在《三国演义》出来之前，周瑜在世人心中的形象还是光辉的，可是在这本小说问世之后，周瑜的形象急转而下，或许有人会觉得，为何罗贯中在描述周瑜这个人形象的时候，会如此贬低他呢？

首先，我们要搞清楚的是，罗贯中在写这本小说时，定的主要基调就是"尊刘"，诸葛亮作为书中第一男主角，又是个智慧与才能并存的实力派，那么一定需要有一片"绿叶"来配，而周瑜不过就是这片"绿叶"而已。

而且周瑜是刘备集团发展过程中最强大的绊脚石，所以不抹杀他的光辉，又如何提高诸葛亮的智慧呢？

不过，在正史中，周瑜和诸葛亮并没有任何交集，诸葛亮比周瑜小六岁，而且诸葛亮刚刚出道没有几年的光阴，周瑜就英年早逝了，这两个人又何谈"狭路相逢"呢？

周瑜不仅长得帅，还是个音乐才子。在古代，很多人都精通音律，晋有嵇康，唐有王维、白居易等，他们在音乐方面都有过人造诣，且多是风流名士，但是像周瑜这般从事"沙场秋点兵"职业的一代武将懂音律的却少之又少。在江东有这样一句话："曲有误，周郎顾。""欲得周郎顾，时时误拂弦。"有一次听一个牧童吹笛，周瑜发现有一处笛音不对劲，就亲自帮牧童把削笛子。并且，他在醉酒时也能听出音律的错误之处，足以见得周瑜的音乐才华。

第 5 章

功在千秋，名垂青史——正气书写人生

正气，是我们每个人内心中的一杆秤，衡量着所有人的功和过。有些人会认为，正气不过是嘴上说说而已的大话，但是在人的一生之中，如果不能说真话，不能做真事，那么我们的人生就充满了谎言，如此还有什么真实可言呢？

第一节　精忠贯日，大孝昭天
——岳飞

人物简介：

岳飞，字鹏举，中国历史上著名的军事家、战略家、抗金名将，位列南宋中兴四将之首。岳飞是南宋最杰出的统帅，他重视人民抗金力量，缔造了"联结河朔"之谋，主张黄河以北的抗金义军和宋军互相配合，夹击金军，以收复失地。岳飞治军赏罚分明，纪律严整，又能体恤部属，以身作则，他率领的"岳家军"号称"冻杀不拆屋，饿杀不打掳"。

精忠报国

公元 1103 年，岳飞出生于河北西路相州汤阴县的一个普通农家。相传岳飞出生时，"有大禽若鹄，飞鸣室上"，所以父母给他取名飞，字鹏举。在他读书的时候，正值童贯、蔡攸兵败于契丹，他内心怀着一种悲愤之情，决定去参军，去保家卫国。

但是参军这条路并不是那么好走的，几年下来，他仍然没有获得更高的认可，只能在军队里做一名碌碌无名的小卒。这一年，岳飞的父亲岳和病故，他赶回汤阴为父亲守孝。到了宣和六年，河北等地区发生水灾，岳家生计艰难，为了谋生，岳飞又到河东路平定军投戎，被擢为偏校。

1125 年，金灭辽之后，便大举南侵攻宋。宋徽宗禅位于长子赵桓，即钦宗，次年改元靖康。这也就是历史上有名的"靖康之耻"，这个耻辱钉在每一个宋朝人的心里，同样也深深刺痛了岳飞的心。

守孝期满之后，岳飞和家人辗转来到了相州城，恰好这里武翼大夫刘浩负责招募义士，收编溃兵。岳飞目睹了金人入侵后人民惨遭杀戮、奴役的情形，心中愤慨，意欲投军，又担忧老母年迈，妻儿力弱，在兵乱中难保安全。深知儿子志愿的岳母姚氏深明大义，她积极勉励岳飞"从戎报国"，甚至还为岳飞后背刺上"精忠报国"四字为训。岳飞牢记母亲教诲，忍痛别过亲人，投身抗金前线。

关于岳飞，每一个人提到他，都会想到"抗金名将"，的确，他的爱国之心让人感动和敬佩。正是因为这颗忠义之心，让他在抗金的战场上奋勇杀敌，不顾一切地保卫大宋，甚至敢于在封建王朝这个大环境中一次次地违抗圣旨。

北伐！北伐！

在宋朝的历史上，岳飞曾经有过四次北伐，最著名的是发生在 1140 年的最后一次北伐。这次北伐并非是突然起兵，而是因为金国单方面撕毁了和平条约，这个条约是在公元 1139 年，金、宋两国达成的协议。岳飞听说此事之后，曾经上书给皇帝，大概的意思是说，金国是个言而无信的国家，和他们签订合约往往都没有什么真正的效力。可是刚刚签订了合约的皇帝丝毫听不进去岳飞的话。

果不其然，金国内部对这个条约产生了极大的分歧，就在短短的一年之后，金国主战派夺得了政权，于是分四路南下，准备攻打宋朝。由于没有防备，宋军节节败退，城池相继失陷。高宗派韩世忠、张俊、岳飞等出师迎击。很快，在东、西两线均取得对金大胜，失地相继收回。岳飞挥兵从长江中游挺进，实施锐不可当的反击，他施展收复中原抱负的时机终于到来了。

岳飞亲率一支轻骑驻守河南郾城，和金兀术一万五千精骑发生激战。他亲自率领将士们拼杀在最前线，大破金军"铁浮图"和"拐子马"，把金兀术打得大败。

岳家军将士具有"守死无去"的战斗作风，敌人以排山倒海的大力，也不能把岳家军阵容摇动。郾城大捷后，岳飞乘胜向朱仙镇进军，金兀术集合了十万大军抵挡，又被岳飞打得落花流水。岳飞这次北伐中原，一口气收复了颍昌、蔡州、陈州、郑州、河南府、汝州等十余座州郡，可以说中原之地基本被岳家军所收复，并且消灭了金军有生力量，金军全军军心动摇，金兀术连夜准备从开封撤逃。

南宋抗金斗争有了根本的转机，再向前跨出一步，沦陷十多年的中原就可望收复了。岳飞兴奋地对大将们说："直抵黄龙府，与诸君痛饮尔！"而金军则发出了"撼山易，撼岳家军难"的哀叹。

然而后面的事情却大大超乎了岳飞的预料，但是我们都知道了，那就是皇帝亲自发下了十二道金牌，让岳飞班师回朝，就这样，轰轰烈烈的北伐又停止了它的脚步……

三十功名尘与土

就在岳飞准备收复燕云十六州之际，高宗降诏，令岳飞班师。

岳飞鉴于当时完胜的战局，立刻上书给皇帝争辩道："契勘金虏重兵尽聚东京，屡经败衄，锐气沮丧，内外震骇。闻之谍者，虏欲弃其辎重，疾走渡河。况今豪杰向风，士卒用命，天时人事，强弱已见，功及垂成，时不再来，机难轻失。臣日夜料之熟矣，唯陛下图之。"

但是，皇帝却并不理会这边的战况，甚至岳飞在一天之内接连收到十二道用金字牌递发的班师诏，诏旨措辞严峻：命大军即刻班师，岳飞本人去临安朝见。

面对如此荒唐的命令，岳飞愤惋泣下，感慨道："十年之力，废于一旦！"然而在朝廷高压钳制之下，岳飞不得不下令班师。百姓听到这个消息之后，纷纷上前拦阻在岳飞的马前，哭诉说担心金兵反攻倒算："我等戴香盆、运粮草以迎官军，金人悉知之。相公去，我辈无噍类矣。"

岳飞听到之后，只剩下无奈，含泪取诏书出示众人，说："吾不得擅留。"于是哭声震野。大军撤至蔡州时，当地人民要求与部队一起行动。最后，岳飞决定留军五日，以掩护当地百姓迁移襄汉。大军班师鄂州，岳飞则往临安朝见。兀术回到开封，又整军攻取了被宋军收复的河南地区。岳飞在班师途中得知噩耗，不由仰天悲叹："所得诸郡，一旦都休！社稷江山，难以中兴！乾坤世界，无由再复！"

真真是《满江红》，字字血泪："怒发冲冠，凭栏处，潇潇雨歇。抬望眼，仰天长啸，壮怀激烈。三十功名尘与土，八千里路云和月。莫等闲，白了少年头，空悲切。靖康耻，犹未雪；臣子恨，何时灭。驾长车，踏破贺兰山缺。壮志饥餐胡虏肉，笑谈渴饮匈奴血。待从头，收拾旧山河，朝天阙。"

第二节　封侯非我愿，但愿海波平
——戚继光

人物简介：

戚继光，字元敬，号南塘，晚号孟诸，卒谥武毅。明朝杰出的军事家、书法家、诗人、民族英雄。同时，戚继光又是一位杰出的兵器专家和军事工程家，他改造、发明了各种火攻武器；他建造的大小战船、战车，使明军水路装备优于敌人；他富有创造性地在长城上修建空心敌台，进可攻退可守，是极具特色的军事工程。

保家卫国显忠诚

在当时，倭寇问题成了大明王朝的一大难题，倭寇不像其他的外族部落，他们没有一个稳定的落脚点，让人无法察觉他们的踪迹，而且这群倭寇的战斗原则就跟游击队一样，打得赢就打，打不赢就跑。这让一向打正规战役的军队们防不胜防。就在这时候，一个人的横空出世，改变了这一切，他就是鼎鼎大名的抗倭英雄戚继光。

戚继光的父亲戚景通是朝廷的一名世袭四品武官，最高做到三品神机营副将，所以他对戚继光的教育尤为严厉，他希望自己的儿子不仅能够做一个堂堂正正的男子汉，还要做一个对国家对人民有用的男子汉。于是戚继光从小就立志要保家卫国。

后来他终于有机会参军，在临行前，他下定决心一定要在军队里贡献自己的力量，显示出了他博大的胸怀。

戚继光带着满腔的豪情壮志去上任，可是刚到部队之中，看到部队花名册时，那一颗火热的心就凉了一大半儿。因为花名册上按理应该有6.3万人的正规军归他指挥，但事实上，由于多年兵备荒弛，明朝的政府军已经成了一个彻头彻尾的烂摊子和空摊子。各级将领编造士兵名额只为吃空饷，所以戚继光名义上有6万多人的部队，可一清查下来，连5000人都不到。

6.3万人的士兵和5000人还不到的士兵，这中间的悬殊，却并没有击垮戚继光的斗志，好——老天爷既然你给了我这次机会，我就要用这5000人的兵马对抗倭寇，让他们知道大明王朝的厉害。

戚继光的豪情和斗志，并不仅仅是空口白话，在他上任之后，立刻开展了轰轰烈烈的改革，五千兵马必须都要经过重新历练，方能够在战场上以一当百。那些留守在这里的士兵们多半也都是贪图这每个月的俸禄，根本就不想要用自己的性命去保护大明王朝的安危，这其中就包括戚继光的舅舅。戚继光的亲舅舅也是登州卫的将领，因为大家混日子混惯了，他的舅舅在戚继光整军的过程中倚老卖老，即便是对戚继光的命令，他也是插科打诨。

戚继光听说了自己的舅舅在平日里的所作所为，直接就下令让所有的人都到校场上集合，当着众多官员的面，他让自己的舅舅走出队列。舅舅不明所以，但还是站了出来，可是等待他的是戚继光的军法处置——痛打二十军棍！

好一招杀鸡儆猴，在舅舅痛苦的哀号之中，官兵们也认识到了这个新上任的将领不是个好惹的家伙，连自己的亲舅舅都不放在眼里，自己今后得小心点了。

很多人都会说，戚继光大义灭亲，是的，但是戚继光也不是个不懂事的人。当天晚上，他就亲自到舅舅的家里，跪着求舅舅原谅自己，并且让舅舅理解自己的苦衷。一番互诉衷肠之后，舅舅不仅发誓要痛改前非，还发誓一定要成为戚继光身边最得力的助手。

通过上面的小故事，我们不难发现，戚继光在统领士兵的时候为人耿直，在带领士兵的过程中，他能做到公正不阿，即便是对待自己的舅舅，他也绝不徇私。在任何时代，军人的队伍里永远都是"直来直往"——如果你能够善待他们，他们自然用百般忠诚回馈你，而戚继光就利用这一点，将部队的凝聚力凝结到了一起。

戚继光大战海贼汪直

说到戚继光抗击倭寇，我们就不得不说到这样一场战役——抗击海盗汪直。

　　汪直并不是简单的倭寇，他"身兼数职"，既是倭寇的头目，也是一个商人，而他的部队也成为令大明王朝非常头疼的一支。自嘉靖三十六年年末开始，江浙总督胡宗宪用徐渭徐文长的诱敌深入之计，诱骗倭寇头子、也是大汉奸汪直来和谈，然后设计抓住了汪直。原本这样一个心头大患被解决了，可是汪直还有亲戚，即他的干儿子，照样学了干爹的模样，带着数千倭寇在浙江的大本营岑港负隅顽抗。

　　岑港三面环山，一面临海，这是一个战争的制高点，只要在高处安营扎寨，居高临下，那真是易守难攻。这让当时负责攻打岑港的主帅俞大猷非常头疼。他头疼的不仅仅是这个地方和这个敌人，更让他感到头疼的是，嘉靖皇帝的一纸诏书，命令俞大猷和他的手下必须在一个月之内完成这场战役，将主要战犯绳之以法。如果办不到，自然是后果自负。

　　就在俞大猷站在高处远望战场干着急的时候，有士兵来报，说支援浙西的两路人马都回来了，两路参将要向主帅交令。这两队人马中有一队就是戚继光和他的手下。

　　听到有两队人马要来加入，作为主帅的俞大猷当然要见见了，在中军大帐之中，他见到了意气风发的戚继光。可此时的俞大猷却是心里郁闷的时候，根本就顾不上什么礼节，只顾着自己心里的烦闷。

　　不过，总是需要说点什么的，于是他站起来大声说，皇上说了，一个月之内，再拿不下岑港，我们所有人都得革职下狱。各位，只有一个月的时间，一个月后，我们就不知道是在军中相见还是在狱中相见了。到时候，要是在军中相见则罢，要是在狱中相见，大家彼此间又有何面目呢？我们入狱也就罢了，岑港拿不下来，浙江的老百姓可就惨了。我们就算下狱了，又有何面目去见浙江的老百姓呢？身为军人，不能保一方百姓之平安，我们又有何面目站立在这天地之间！

帐中的官员们一个个地都低着头，他们当然知道这场战役的严重性，也知道这个岑港究竟有多难打，可是该怎么办呢？

就在这时候，戚继光站了出来，大声说，末将不才，愿为先锋，定要克敌制胜！

俞大猷听了之后，就好像是看到了希望的曙光，可是他对戚继光并无了解，虽然戚继光已经在浙江抗倭三年，可是在这之前，两个人丝毫没有交集，所以看到戚继光主动请缨，俞大猷心里虽然感动，可是却心存怀疑：这个年轻的将领，究竟有没有能力？有没有把握？

看着俞大猷如此犹豫，戚继光又说，一月之内，若不攻下岑港，末将愿军法论处。

俞大猷狠了狠心，好吧，就由他去吧，谁让自己也没有任何办法呢？他很郑重地把先锋的重任交给了戚继光，并拨出几支主力部队听从戚继光的调遣。

戚继光自从领了军令状之后，并没有急于求成，在以后十多天里，他每天都让一小股一小股的部队到岑港的哨卡上喊打喊杀，可谓是喊声惊天动地，但是却丝毫没有作用。

难不成戚继光是江郎才尽，其实不然，他这一招，就叫作"兵不厌诈"。他每天只让一小股兵力去滋扰岑港的哨卡，实际上就是为了让哨卡上的倭寇们以为，明朝的部队也就这点实力了。

一个月的期限很快就到了，一天，戚继光身着戎装，亲自上阵，只听到戚继光一声令下，手下所部及分派给他的人马全部出动，直奔岑港杀去。

俞大猷这才明白，戚继光之所以一个月来不痛不痒地攻打，乃是疲敌之计，正是为了麻痹敌人。他每天让士兵喊杀震天地冲锋，声势很大，但攻击力度其实不大。倭寇开始当然紧张，但时间一久，发现喊是一回事儿，打是另外一回事儿，自然也就习以为常了，甚至认为明军已经是强弩之末了。事实上，明军这边也确实已经是强弩之末了，打了大半年还打不下来，什么招都用过了，这不是强弩之末是什么？幸亏还有戚继光半路杀回来的生力军，只是倭寇并不知道这一点。经过了几个小时的激烈奋战，岑港上的倭寇就这样被戚继光消灭了。

戚继光在抗击倭寇上不仅有决心，同样也有毅力，在历史上，汪直是非常有名的江洋大盗，算是非常有实力的劲敌，但是戚继光却并不惧怕，并且通过自己的谋略，战胜了汪直。

治兵有方，驭军有术

戚继光不仅用兵如神，同样，他还精通八卦之术，他自创的鸳鸯阵让倭寇无法领会其中的奥妙。这种阵法以十一人为一队，队伍中的第一个人就是队长，旁二人夹长盾，又次二从持狼筅，复次四从夹长矛、长枪，再次二人夹短兵。阵法可随机应变，变纵队为横队即称两仪阵，两仪阵又可变为三才阵。

戚继光虽然退敌，但他深感明军存在严重问题，整肃军纪、加强装备、提高战斗力才是制胜的关键。原先世袭的旗军战斗力太差，戚继光多次上书请求招募新军。他说："现在的官军，平时不训练，行军不带粮，打仗时没有统一号令，驻扎时不会安营扎寨，这样的军队，绝不可能抵挡身经百战、有必死之心的倭寇！"在戚继光的一再坚持下，他终于被获准招募新军。经过几个月的严密筛选和艰苦训练，他建立起一支以义乌农民和矿工为主的新军。

戚继光对属下士兵要求极其严格。一次，有官员到前线视察军队，突然间大雨如注，其他官兵一阵骚乱，有的甚至离队避雨，只有戚继光的军队纹丝不动，军容整齐。戚继光对军队严格要求，自己同样以身作则。有一次，戚继光率军到浙江乐清，恰逢天降大雨。当地的士绅百姓邀他入室避雨，戚继光说："士兵们都在外面淋雨，统帅怎么可以独自进屋避雨呢？"戚继光治军有方，制定了严明的军纪。他领导的这支军队英勇善战，屡立战功，受到老百姓的支持和爱戴，被誉为"戚家军"。

嘉靖四十年，戚继光率军在浙江台州迎击来犯之敌，救出上万名被俘百姓，打出了戚家军的威风。浙江倭寇被消灭后，戚继光又转向福建，成功地捣毁了倭寇的老巢。凶残的倭寇心惊胆寒，畏之如虎，他们称戚继光为"戚老虎"。

在戚继光的一生之中，我们不能不提到另一个对他影响极大的人，那就是内阁首辅张居正。

在戚继光成功抗击倭寇之后，他就开始郁闷了，郁闷什么呢？

一个军事奇才，虽然战功显赫，然而却在长达数载之间没有仗可打，眼看着北方的鞑靼部落日益强大，不断骚扰北方边疆，可是身为朝廷命官的他，却只能驻守在南方，等待着早已没了踪迹的倭寇。哎，英雄寂寞啊！

好在当张居正成为内阁大臣之后，他懂得戚继光的寂寞，更了解戚继光的能力，于是建议皇帝任命戚继光总理蓟州、昌平、保定三镇练兵事，这下子，英雄有了用武之地，他又开始生龙活虎地练起兵来。

在和鞑靼部落对峙的时候，戚继光有两大发明，这两大发明也成为他对抗鞑靼部落的制胜法宝。

第一个叫作"马、步、车"协同作战。

鞑靼部落多是蒙古骑兵，骑兵作战最主要的就是气势，想想看，万马奔腾，齐齐奔来，光是这种阵势，就能把明军吓坏。于是戚继光准备了一件武器，就是铁皮车，铁皮车上面有一个很大的盾牌，骑兵和火炮藏在这个盾牌的后面。

当敌军的骑兵奔过来的时候，自然会畏惧这个看似奇怪的物品，就在他们慌乱之际，铁皮车突然拉开，露出来火炮，稍作攻击，骑兵就溃不成军。

当敌人焦头烂额之际，步兵见机杀出，手持拒马器与竹制锐利长矛，一字排开杀出，敌骑兵顿时人仰马翻，不一会儿，队形就大乱，纷纷溃散。

第二个发明是修筑空心敌台。

原北京一带边墙是明初大将徐达所筑。嘉靖年间陆续修过，但年年有所损坏。戚继光认为，蓟镇边防绵延2000里，只要一处有缺口，则整个边墙都是废的，年年修，年年有塌陷，纯属浪费。他提议，最好跨墙修建空心台，也叫"敌台"。高五丈，中空，里面三层，留着小孔作为枪眼，里面可以藏好几百人。而敌台里面铠甲、器械、粮草俱全，士兵居内可守望，也可迅速集结成野战军。历时三年，从居庸关到山海关，共修筑了1200个敌台，又从后方调来浙兵9000人负责防守。一时守备坚固，敌不能入，都转到辽东去了。过去俺答入寇北京郊区的事，做梦也不可能再有了。

戚继光在战争方面才华过人，就连明史中也记载说"戚继光用兵，威名震寰宇"，可见他的军事才能无人能敌。不过一般来说，有能力的人往往脾气都比较怪，戚继光也不例外，当了那么久的官之后，戚继光似乎还总徘徊在主流官员的队伍之外，这让他受了不少的闲气。

在他刚刚调到北边担任主帅的时候，有的督抚和兵部的一些人就对他看不惯。他们无法否认戚的平倭战绩，就借口说"南兵"不适合北边。幸好张居正力保戚继光，才得以让戚继光继续驰骋在抗击鞑靼部落的战场之上。隆庆时期，由于戚继光治军不合一些要员的胃口，触犯了当道，几乎遭灭顶之灾。张居正坚持"世必有非常之人，然后有非常之事"，及时给予了援手，使得戚继光能脱离险境，并有施展的余地。

其实戚继光对于很多人情世故都不甚精通，他不懂得为何自己的赫赫战功不能让他在朝廷之上赢得别人的尊重。有时候戚继光难免小心眼起来，喜欢钻牛角尖，往往在这个时候，张居正总是给他写信开导他，让他不要想太多，专心工作，你的功劳百姓们都记在心里。就这样，在张居正的帮助之下，戚继光成了真正的民族英雄。

第三节　威震华夏，赤胆忠心
——关羽

人物简介：

关羽，字云长，三国时蜀汉名将，早期跟随刘备辗转各地，于白马坡斩杀袁绍大将颜良，与张飞一同被称为"万人敌"。在民间，关羽被尊称为"关公"，又称美髯公。到了清朝，关羽奉为"忠义神武灵佑仁勇威显关圣大帝"，崇为"武圣"，与"文圣"孔子齐名。

桃园三结义

关羽为人忠肝义胆，讲义气，关于他的典故太多太多，最著名的当属"桃园三结义"：

提起刘备、关羽和张飞，人们总是会联想到他们早年在涿郡张飞庄后那花开正盛的桃园，这三个人祭告天地，焚香祭拜，结为异姓兄弟，不求同年同月同日生，只愿同年同月同日死。人们一直传诵着这个故事，也一次次有人效仿着焚香结义。梁启超在一篇文章中便谈道："今我国民绿林豪杰，遍地皆是，日日有桃园之拜……"

在《三国演义》中，有一段非常详细的描写：刘焉招募义兵特意贴出榜文，这篇榜文被涿县一个英雄看到了。这个人不喜欢读书；性情宽和，少言寡语，喜怒不形于色；胸怀大志，喜欢结交天下豪杰，并且是中山靖王刘胜的后人，汉景帝阁下的玄孙，名叫刘备，字玄德。当他看到刘焉发榜招兵的时候，已经二十八岁了。

当日，刘备看到榜文，心中非常抑郁，忍不住仰天长叹。没想到，身后一人说道："大丈夫不与国家出力，为何只在这里唉声叹气？"

刘备回头一看，只见一黑脸壮汉，器宇不凡，就问他叫什么。那人回话说自己叫张飞，字翼德，是个卖酒杀猪的，但喜欢结交天下豪杰。

刘备就跟他说起自己的身世，并且表示，看到现在天下大乱，现如今已经不是汉人的天下，所以心情郁闷。张飞觉得此人定是成大事之人，便邀请他到自己的酒庄喝酒聊天。

两个人正聊着，正好看到一名大汉，他手里推着一辆车子，力大无穷，走进酒庄，刚一落座就喊道："快上酒来，喝完了这碗酒我就赶入城中去投军！"

刘备一看此人，就觉得此人同样是有才能、有志向之人，就邀他同坐，方知道此人姓关名羽，字长生，后改云长，因为杀了一个仗势欺人的恶霸，只好逃难江湖。三个人开始聊起天下大事，竟然发现志向相投，张飞提议道："我酒庄后有一桃园，花开正盛；明日当于园中祭告天地，我三人结为兄弟，协力同心，然后可图大事。"其他两个人都觉得这个提议非常好。

第二天，三个人祭拜天地，结为异性兄弟，同心协力，救困扶危，上报国家，下安黎庶。不求同年同月同日生，只愿同年同

月同日死。皇天后土，实鉴此心，背义忘恩，天人共戮！誓毕，
拜刘备为兄，关羽次之，张飞为弟。

当然，这不过只是小说虚构出来的情景，在历史上，真实的情况并
非如此。然而，刘备是胸怀大志、慧眼识人的明主，他相中关羽与关羽
结义，由此可见关羽也不会是无知鼠辈，必有大略雄才。公元 184 年，
汉室宗亲刘备在涿县组织起了一支义勇军参与扑灭黄巾军的战争，关羽
与张飞同在其中。刘备辗转担任许多官职后，投奔昔日同窗公孙瓒，被
封为平原国相，任关羽、张飞为别部司马，分统部曲。三人情同兄弟，
常一起同床而睡，三人情义可见一斑。

阵斩颜良

公元 200 年，曹操派刘岱、王忠前去攻打刘备，没想到却被
刘备击败。曹操一看，这样下去不是办法，于是决定亲提大军出
征。刘备深知自己并不是曹操的对手，于是落荒而逃。在逃跑的
时候，关羽不幸战败被生擒。曹操知道关羽是一位好汉，备受人
尊敬，于是待以厚礼，甚至任命为偏将军。

后来，袁绍派大将颜良、文丑、郭图等攻东郡太守刘延于白
马，曹操亲自率军救援，并命张辽与关羽为前锋。关羽望见颜良
的麾盖，策马冲锋，斩杀颜良于万军之中，枭首而归。袁军将领
无人能挡，白马之围被解，关羽被封为汉寿亭侯。

然而，让曹操深感纠结的是，他不知道关羽有没有久留的心
意，于是就叫张辽用人情试探。关羽对张辽叹息道："我知道曹
公对我的厚爱，但我受刘备将军的厚恩，发誓共死，不可背弃。
我终不会留下，在为曹公立下功劳后我便会离去。"曹操知道关
羽会离去，反而重加赏赐，想要留住他。但关羽尽封曹操的赏赐，

留书告辞，回到刘备身边。曹操左右欲追杀之，不过曹操认为各为其主而阻止。民间文化把这一段故事叫作"千里走单骑"。

关羽一直被人视作是"忠臣良将"，尽管曹操非常真诚地对待他，甚至在对待的规格上超过其他心腹，但是关羽并不为所动。他心里非常清楚，真正值得他用心对待且忠诚不贰的人，是刘备，而非曹操。

公元208年，刘备在走投无路的情况下只好投靠刘表，屯兵于新野。曹操率领大军南下，刘备南逃，另遣关羽乘数百艘船驶向江陵会合。但刘备于途中被曹军追上，幸而关羽驶至汉津，一同乘船至夏口。

刘备联合孙权击败曹操后，曹操留曹仁等防守荆州，于是刘备又与孙权大将周瑜夹攻曹仁，命关羽绝北道断曹仁后路。待刘备取得荆南四郡——长沙、零陵、武陵、桂阳，拜关羽为元勋，受封襄阳太守、荡寇将军，此时襄阳实为曹操势力范围，由乐进驻守，所以关羽驻于江北。在此期间，关羽重修了江陵城。

公元213年，刘备入蜀助刘璋防御张鲁，张飞、赵云、诸葛亮与关羽共守荆州。

第二年，刘备与刘璋决裂，军师庞统中流矢身亡，刘备乃召张飞、赵云、诸葛亮入川支援，荆州只留关羽驻守。刘备平定蜀地后，以关羽董督荆州事，授权掌管荆州地区刘备控制的部分，包括荆州南部四郡和从东吴借来的南郡治所江陵和附近的公安，关羽事实上镇守荆州五郡。公元215年，孙权听闻刘备已夺得益州，希望取回荆州。刘备却说："当得到凉州时，便会把荆州交还。"孙权对此十分怨恨，便派鲁肃索要荆州。孙刘两方的将领在阵前"单刀会"，据理相争但最终不欢而散。孙权命吕蒙准备进攻荆州南部，鲁肃将万余人马于益阳牵制关羽，刘备从益州带兵回援。时关羽号称有三万人马，自选五千精锐准备从上游渡河，吴将甘宁率领一千人前往驻守，关羽得知后就没有过河，在河对岸扎营，这个地方后来称为"关羽濑"。此时，曹操进取汉中的张鲁，刘备便迅速和孙权修和，协议平分荆州，即分荆州的江夏郡、长沙郡、桂阳郡属于孙权，分荆州的南郡、零陵郡、武陵郡属于刘备，这就是三国史上著名的湘水划界。

在作战过程中，关羽非常勇猛，属于"一夫当关，万夫莫敌"的典型人物。在很多战役中，关羽冲在前线，以一当十，给敌人沉重的打击。

败走麦城

公元 219 年末，曹操以汉献帝在许县，与关羽军相近为由，欲迁都避其锋芒，司马懿、蒋济等劝阻，认为孙权必然不愿看到关羽得志，可以用答应将江南封给孙权为条件让他从背后出兵攻击关羽。同时曹操派遣徐晃、赵俨等率军救援樊城，准备亲自征讨关羽。

救援樊城的徐晃因兵力不足，认为很难与关羽抗衡，不过之后曹操先后派遣徐商、吕建等将领以及殷署、朱盖等十二营兵马增援徐晃。关羽在围头派有军队驻守，在四冢还有驻军。徐晃于是扬言将进攻围头，暗地里却秘密攻打四冢。关羽见四冢危急，便亲自率领步、骑兵五千人出战，徐晃迎击，关羽退走。关羽在堑壕前围有十重鹿砦，徐晃追击关羽，二人都进入关羽对樊城的包围圈，包围圈被打破，傅方、胡修都被杀死，关羽于是撤围退走，然而关羽的船只仍据守沔水，去襄阳的路隔绝不通。

而孙权命吕蒙为主帅偷袭荆州，并亲自率军为后援。荆州重镇江陵守将麋芳、公安守将士仁因与关羽有嫌隙不战而降。

此时关羽得知南郡失守后，立即向南回撤。回师途中，关羽多次派使者与吕蒙联系，吕蒙每次都厚待关羽的使者，允许在城中随意游览，向关羽部下亲属各家表示慰问，有人亲手写信托他带走，作为平安的证明。使者返回，关羽部属私下向他询问家中情况，尽知家中平安。因此关羽的将士都无心再战了，士卒渐渐溃散，退至麦城。后来，关羽伺机率数十骑出逃，一路突围至距益州不过一二十里的临沮（今湖北省襄樊市南漳县），遇潘璋部将马忠的埋伏，被擒，和长子关平于临沮被害。

孙权将关羽首级送给曹操，曹操以诸侯之礼将其安葬于洛阳，同时孙权将关羽身躯以诸侯礼安葬于当阳，即关陵，也称当阳大王冢。蜀汉在成都为关羽建衣冠冢，即是成都关羽墓，以招魂祭祀。因此民间也称关羽"头枕洛阳，身卧当阳，魂归故里"。

公元260年9月，蜀汉后主刘禅在追谥几位重要大臣时，追谥关羽为"壮缪侯"。

对于关羽，大家都非常的熟悉。他英勇善战，长于谋略，诸如温酒斩华雄，于千军万马中取颜良、文丑之首，闯关斩将，单刀赴会，罾口川淹七军。同时，他也是忠贞不移的代表人物，刘、关、张三兄弟情同手足，关羽始终追随刘备，忠于蜀国。即使兵败被曹操俘虏，受尽恩惠，仍然心系蜀国，无一日不思寻兄，身在曹营心在汉。关羽也感谢曹操的恩德，表示要"立功以报曹公，然后去"。而后华容道放过败退的曹操一节，也可说是关羽"义"的延续。

但是，关羽自身也存在着好大喜功、自负的缺点，他并不是神，自然也会有自己的弱点。镇守荆州之后的关羽功高至伟，渐渐变得狂傲起来。在对待同僚的态度上，他自视甚高，眼高过顶。正是由于关羽的这些缺点，最终才败走麦城。不过，他伟大勇猛的形象是不会因此而降低的，他仍然是人们心目中的大英雄。

第四节 文武全才的大明军神
——王阳明

人物简介：

王守仁，幼名云，字伯安，别号阳明。浙江绍兴府余姚县（今属宁波余姚）人，因为曾在会稽山阳明洞内筑室，自号阳明，后人也常常称他为阳明先生。明代最著名的思想家、文学家、哲学家和军事家，非但精通儒家、道家、佛家，而且能够统军征战，是中国历史上罕见的全能大儒。王阳明不仅是宋明心学的集大成者，一生事功也赫赫有名，故称之为"真三不朽"。他的学术思想在中国、日本、朝鲜半岛以及东南亚国家乃至全球都有深远的影响。因此，王阳明（心学集大成者）和孔子（儒学创始人）、孟子（儒学集大成者）、朱熹（理学集大成者）并称为"孔、孟、朱、王"。

心学的集大成者

一般在史料上，很多才能卓越的人在出生之前都会有一些异象，王阳明也不例外。

据说在他母亲怀他的时候，他的祖母就做梦梦到一个非常奇怪的场景，她梦到有很多天神抱着一个男婴从云中走来，还隐隐约约听到远处有敲锣打鼓恭贺的乐器声。他的祖母醒来之后，就将这个奇怪的梦告诉了家人，没过多久，王阳明就出生了。为了映衬这个梦，他的祖父给他取名为"云"。但是没想到的是，这个虎头虎脑的小男娃到了五岁还不会说话，却嗜书如命，每天不声不响地在祖父的书房里读书。家里的人都以为他不过就是个性格内向的"哑巴"，并没有太多想法，只有他的祖父不这样认为。果然在小男孩五岁之后的某一天，家里来了一个高僧，高僧看到小王阳明，非常喜欢他，并且摸着他的头说："好个孩儿，可惜道破。"祖父听到高僧这句话，便根据《论语·卫灵公》之中一句"知及之，仁不能守之，虽得之，必失之"，将孙子改名为"王守仁"。说来也奇怪，自从改名之后，王阳明就开口说话了，和正常小孩子没有什么区别。

王阳明十几岁时，正式进入私塾读书，他非常刻苦，在很小的时候就表现出自己非凡的志向。一次，他和私塾先生讨论什么是天下最重要的事情，很多学生都会说金榜题名是学生最重要的事情，但是王阳明却没有这样回答。他认为，科举高中并不是第一等的要紧事，读书人最要紧的事情是要做一个圣贤的人。当时明朝已经开始走向朝政腐败、义军四起的时期，甚至在英宗正统年间，英宗被蒙古瓦剌部所俘，朝廷赔款求和。于是，年轻的王阳明就在心里定下一个很宏大的目标，不仅要学好文化，更要研究兵书战法，为国效忠。

不过，世人对王阳明最熟悉的还是他在文学和哲学方面的成就。古典名著《古文观止》中曾收录了王阳明的两篇名作《瘗旅文》和《教条示龙场诸生》。《四库全书》评论说："守仁勋业气节，卓然见诸施行，而为文博大昌达，诗亦秀逸有致，不独事功可称，其文章自足传世也。"其实王阳明早年在文学上比较注重文字工整，但到了晚年的时候，就并不这样刻意了，反而融汇了很多哲学方面的研究，所以王世贞在《书王文成集后》中这样评价他："伯安之为诗，少年有意求工，而为才所使，不能深造而衷于法；晚年尽举而归之道，而尚为少年意象所牵，率不能深融而出于自然。其自负若两得。"

除了在文学上，在哲学方面王阳明也有着非常高的造诣，并且成为心学的集大成者。他继承了宋代陆九渊所强调的"心即是理"的思想，反对程颐、朱熹提出的通过事事物物追求"至理"的"格物致知"方法。他认为，因为事理无穷无尽，格之则未免烦累，所以提倡从自己内心去寻找"理"，认为"理"全在人"心"，"理"化生宇宙天地万物，人秉其秀气，故人心自秉其精要。在知与行的关系上，王阳明强调要知，更要行，知中有行，行中有知，所谓"知行合一"，二者互为表里，不可分离。知必然要表现为行，不行则不能算真知。

在这方面，王阳明有三本传世之作——《传习录》、《阳明全书》和《大学问》。其中《大学问》被认为是王守仁最重要的哲学著作。这本书的核心思想是"致良知"。在书中王阳明解释说："见父自然知孝，见兄自然知悌，见孺子入井自然知恻隐，此便是良知。"所以，王阳明提出，"良知"是人先天固有的善性，是存在于人心中的天理，正所谓"人之初性本善"。可是在人的成长过程之中，良知常常会被私欲所侵蚀，所以需要除去人欲，恢复良知。

王阳明所提出的理论，后来经过他的几个弟子的传播和发展，形成了自成一派的"阳明学"，对后世的影响非常深远。现代新儒学的开山祖师之一熊十力及其弟子牟宗三都继承并发展了阳明学。著名学者徐梵澄经过几十年对中国、印度、欧洲思想研究以后，在晚年也对陆王心学赞誉有加。除此之外，"阳明学"也传播到日本，是日本近代快速崛起的精神动力和思想指引。

平定宁王朱宸濠之乱

读书时期，王阳明就曾决定要努力钻研兵书战法，后来他金榜题名之后，也确实将自己的所学用到了战场上。一般来说，提到王阳明的军事才能，很多人都会想到王阳明平定宁王朱宸濠之乱的事迹。

公元 1519 年，宁王朱宸濠突然在南昌公然发动叛乱，企图造反，他暗自做了多年的准备和部署，所以在短时间之内就占领了南康和九江，并且计划要夺取陪都南京，进而北上。当时担任南赣巡抚的王阳明立刻察觉到宁王朱宸濠的阴谋，他非常担心，如果朱宸濠真的占领了南京，那么形势对明朝非常不利，尽管南京作为陪都，但是对于整个明朝的意义非同一般，有了明太祖朱元璋在南京称帝这个先例，所以在当时人们的心里，南京才是整个大明王朝的龙脉所在。

于是，王阳明决定虚张声势，试图利用虚假宣传、虚假情报扰乱宁王的视线，并且让他做出错误的判断。当时他手下并没有太多兵力，却利用很多眼线放出消息，声称王阳明已经率领大军将他们团团围住，形成了合围之势。与此同时，王阳明又命令自己的心腹携带蜡丸潜入南昌，使宁王猜疑自己部下的进攻南京策略。

果不其然，很快宁王就对形势做出了错误估计，认为自己根本就没有任何取胜的可能。他不敢轻易派兵出击，也不敢贸然进攻，就这样在南京城外犹豫了半个月的时间。可是王阳明却一刻也没有停止自己的部署，等到宁王朱宸濠反应过来，准备攻打南京的时候，他已经做好了守城的全部准备。

七月，宁王率六万人攻下九江、南康，渡长江攻安庆。王守仁这时已经调集了八万大军，对外号称三十万。王守仁召集部下问应如何退敌，有人指出应该急救安庆，王守仁说："现在九江、南康已经被敌军占领，如果我们越过南昌跨江救援安庆，就会腹背受敌。现在南昌空虚，我军锐气正盛，可以一举攻破。敌军听说南昌失守，定会回师来救，这时我们在鄱阳湖迎击他，肯定能取得胜利。"由于先前进行大量宣传工作，谎称有大量军队攻城，南昌竟然不攻自破。停了两日，王守仁便派诸将分五路迎击回援南昌的宁王大军。四路分兵迎进，一路设伏。交战以后，宁王大军很快腹背受敌，被分割成几部分，后又中了埋伏，惨遭大败，溃逃退守八字脑地区。宁王眼见局势不妙，急忙调九江、南康的精锐部队出击，王守仁派几路大军迎战并取南康。

这一仗打得相当激烈，是关键的一战。官军一度退却，王守仁部将伍文定立即斩杀了后退之人，命令诸军一决死战，最后终于打败了敌人。敌军退保樵舍地区，将大船结成方阵，宁王拿出金银珠宝犒赏将士，冲锋赏千金，负伤百金，要求他们死力一搏。

但宁王军队的方阵被王守仁看出破绽，他决定仿效赤壁之战，放火烧船。第二天，宁王群臣聚集在一起，正在船上召开"早朝"会议，王守仁大军杀到，用小船装草，迎风纵火，烧毁了宁王的副船，王妃娄氏以下的宫人以及文武官员们纷纷跳水。宁王的旗舰搁浅，不能行动，仓促间换乘小船逃命，被王守仁的部下追上擒获，宁王的其他文武大臣也成了阶下囚。不久，南康、九江也被官军攻陷，宁王之乱全面平息，前后只用 35 天时间，王守仁因此而获"大明军神"之称。

王阳明运用自己所学到的兵法战术阻止了一场叛乱，在关键时刻起到了决定性的作用。如果没有王阳明，或许这场叛乱不会在这么短暂的时间内得到平定，那么最终受苦的便是战局中的百姓，最终损失的是国库里白花花的银子。

他从最开始学习兵书战法，为的就是保卫国家的安宁。在前文中我们提到过，当年明英宗被蒙古瓦剌部所俘，朝廷赔款求和，这个事件以及事件的后续影响都给王阳明带来了很深的阴影，所以他才在内心深处树立了一个长远的目标，要依靠自己的才能让国家安定、百姓安康，他做到了这一点。

剿匪保安康

提到王阳明运用自己的所学保卫安宁，还有一件事情不得不提，那就是剿匪。王阳明的军事爱好和军事才能，一向就有些名声，大家都知道他。所以，在江西一带出现大股匪乱后，兵部尚书王琼就保举王阳明为右佥都御史，巡抚南康、赣州地区。

这项任命也是个冒险，因为这发生在平定宁王叛乱之前，王阳明并没有实战经验，而江西的盗匪又厉害，前任巡抚文森摆不平，吓得辞了官。但王阳明临危受命，却在非常短的时间里了解了敌情。

当时南方一共有六股土匪叛乱，首领分别是谢志山、池仲容、陈曰能、高快马、龚福全、詹师富，各自占据一块地盘，侵扰州县。而谢志山和高快马两股合一，进攻南康、赣州两地，赣县主簿吴玭战死，形势危急。

王阳明到任以后，首先干了一件非常聪明的事，他了解到敌人的耳目众多，在自己身边也布下了许多暗探，官府中通敌的人很多。他通过观察，发现身边一位老吏是盗匪的重要耳目，是个卧底头子。传来一吓一问，老吏就如实招供了。王阳明没有处分这位老吏，反而赦免了他的罪，让他做反间谍的工作，利用特殊身份给官军提供情报。这样一来，王阳明就洞悉了盗匪内部的各种情况，做到了知己知彼。

然后，他利用情报，决定先集中各处优势兵力，会剿大帽山的詹师富。这场仗打得非常激烈，双方各有死伤。王阳明自己带领一支精锐部队屯于上杭地区，逢强智取，先假装后撤，然后出其不意地进攻，取得了重大胜利，连破敌军四十余寨，斩杀俘虏七千余人，詹师富本人也被王阳明的部下生擒。

打完第一仗之后，王阳明虽然取得了胜利，积累了实践经验，但是也发现了问题，就上书给皇帝，提出具体的意见。最主要的，他认为朝廷给自己的权力太轻，不足以命令将士。于是，他上报朝廷要求赐给他旗牌，明确让他提督军务，关键时候可以便宜行事。所谓的便宜行事，就是在重要关头不必奏明朝廷，就可以根据自己意思行动，包括调兵和赏罚，说白了就是想杀谁就能杀谁，谁不听话就杀谁。

在兵部尚书王琼的支持下，朝廷同意了王阳明的请求。王阳明接下来就改革军制，这次改革的方案，除了本次战争的经验外，应该主要是他早年的积累。

他明确规定：士兵二十五人编为一伍，长官为小甲；二伍为一队，长官为总甲；四队为一哨，长官为哨长，设两名副官，名为协哨；二哨为一营，长官为营官，设两名副官，名为参谋；三营为一阵，长官为偏将；二阵为一军，长官为副将。

王阳明的这种设置，除了严整规范外，倒没有特殊之处。不过所有的将官都由王阳明自己临时任命，不经过朝廷批准。这样王阳明就成了全军的权威，谁都不敢不听命了。军中实行层层管理，下级对上级负责，上级可以直接处罚下级，这样长官的命令下级都会遵守。改制以后，部队形成了严格有效的指挥系统，作战时能达到如臂使指的效果。

因为王阳明已经得到朝廷许可，可以便宜行事，所以除了正规军外，属下的各级官府也认真对待剿匪事宜，齐心协力，听从王阳明指挥。所以，当王阳明策划进攻谢志山时，打得轻松得力，非常成功。

到了七月，王阳明率军进攻大庾，谢志山率兵钻空子，想偷袭南安，被南安知府击败。另外，副使杨璋生擒了陈曰能。此时王阳明已经占了优势，就策划各部摆开大包围圈，进攻横水、左溪。这次战斗中，王阳明使了个巧计，他派四百人埋伏在敌人巢穴左右作为疑兵，当敌军出击时，忽然从两面举旗，呐喊擂鼓，给敌人造成官军已经攻破其巢穴的假象，军心大乱，四散奔逃。王阳明乘胜前进，夺取了横水左溪，谢志山率残兵退保地势险要的桶冈。

王阳明见桶冈易守难攻，就展开攻心战，派人去劝降。谢志山的部下蓝廷凤斗志不坚，和官军约好了冬天投降。而此时的王阳明部队士气正旺，赣州知府邢珣、吉安知府伍文定、程乡知县张戬等冒雨进攻，一举破敌，谢志山等只好自缚投降。同时，龚福全部也被湖广巡抚秦金剿灭。

王阳明在横水设崇义县，处理善后事宜，并控制当地少数民族，以防再发生叛乱。

可以说，王阳明剿匪不仅显示出自己出色的军事才能，同时也显示了他的胆量。正是凭借着自己的才识和胆量，王阳明保卫了大明王朝的和平，成为"大明军神"。如果不是当初他在内心之中定下自己的理想，或许他只会一心读圣贤书，成为一代文坛巨匠，可是他关心国家安危的迫切心情让他在阅读圣贤书之外，还努力钻研兵书战法，最终学以致用，这种关心天下安危的情怀值得我们学习。

第 6 章

一夫当关，万夫莫开——勇敢主导人生

人的一生之中有太多的考验，甚至有些考验让我们产生恐惧，但是在困难面前，勇敢才是唯一的出路。不管出现任何问题，逃避都无法解决问题，反而会让自己陷入更加绝望的境地。只要勇敢面对，所有的问题才不是问题，所有的困难也都不是困难。

第一节　力拔山兮气盖世
——项羽

人物简介：

项羽，名籍，字羽，秦末下相（今江苏宿迁人）人，楚国名将项燕之孙，他是中国军事思想"兵形势"代表人物（兵家四势：兵形势、兵权谋、兵阴阳、兵技巧），堪称中国历史上最强的武将，古人对其有"羽之神勇，千古无二"的评价。

巨鹿之战和分封诸侯

章邯杀败项梁后，认为楚兵不足为虑，于是引军北渡黄河，大破赵国。赵王以陈余为将，张耳为相，败走巨鹿，章邯率领王离、涉间共四十万围攻巨鹿。

楚怀王听闻项梁战死，非常害怕，从盱台赶到彭城，收编项羽、吕臣的军队由自己统领，并任命吕臣为司徒，吕臣的父亲吕青为令尹，封刘邦为砀郡长、武安侯，仍旧统领砀郡的军队。

公元前207年（秦二世三年），楚怀王以宋义为上将军，封项羽为鲁公，为次将，范增为末将，以宋义为主帅率兵五万前往救赵。宋义军行至安阳，逗留了四十多天，不再进军。项羽向宋义建议说："秦军围赵于巨鹿，我们快速引兵渡河，和赵兵内外夹攻，必然可以击破秦军。"但宋义不肯发兵，还在军中饮酒作乐。时天气寒冷，又下大雨，士卒又冷又饿。项羽见此状况，于早晨去见宋义，将其斩杀。项羽提着宋义的头告诉将士："宋义想要和齐联合谋反，楚怀王暗令我将其杀死。"诸将因为畏惧而屈服，不敢抗拒，于是推项羽暂为上将军。桓楚将此事报告给楚怀王，楚怀王就正式任命项羽为上将军。

项羽杀了宋义之后，威震楚国，名闻诸侯，于是派遣当阳君、蒲将军率领两万士卒渡河，多次进攻章邯给王离军输送粮食的甬道，但收获不大，赵将陈余派人请项羽再次发兵。项羽率领全部兵马渡河，与秦军大战 9 次，章邯破走，项羽率军继续北上进攻王离。楚兵以一当十，呼声动天，打退章邯后，诸侯军受到了极大的鼓舞，与项羽一起进攻王离，斩杀苏角，并生擒王离，秦将涉间不愿投降而自杀。大破秦军后，项羽于辕门召见诸侯将领，诸将无不跪着前来，不敢仰视项羽。于是项羽为诸侯上将军，诸侯都归附于他。

章邯率军驻扎在棘原，项羽驻军于漳水南，两军相持不战。秦军多次被项羽打败，秦二世派人责备章邯，章邯害怕，于是派长史司马欣去请示。司马欣到了咸阳，被赵高留在司马门三天，不予接见，这其实是不信任的意思。司马欣非常害怕，急忙逃到章邯营中，劝章邯早做打算。赵军陈余也写信给章邯，劝其反秦。章邯暗中派始成前往项羽营谈和约，但没有谈妥。

项羽让蒲将军领兵，日夜兼行渡过三户津与秦军交战，将其击败。而后项羽率领全军又于洨水上大破秦军。章邯再次派人来见项羽，想要订立和约，项羽召军吏来商量说："现在军粮越来越少，我想答应他们。"军吏说可以。于是项羽和章邯约在洹水南殷墟上相见，并订立盟约。章邯见到项羽后，哭着向项羽倾诉赵高的种种行为。项羽于是立章邯为雍王，司马欣为上将军，率领秦军为前部，行至新安。

公元前 206 年 11 月，诸侯的士卒原来都曾在秦服过徭役，受尽秦兵的鞭挞，而今秦兵投降诸侯，诸侯兵都把秦兵当作奴隶来驱使，引起秦兵的不满，暗地里有逃跑的打算。诸侯听到秦兵的计策，将其告诉项羽，项羽召集黥布、蒲将军等人商议，认为秦兵很多，入关中后如果不听令，会引起非常大的祸患，于是项羽将秦降卒二十余万全部在新安城南连夜坑杀。

可以说，项羽在刚刚入世的时候，赢得了很多人对他的尊敬，他顺应民意，讨伐暴秦，自身又有着极高的号召力，这也是楚汉相争时期他处处占据优势的根本原因。

项羽消灭了秦军主力后，即率诸侯军向关中挺进，行至函谷关，发现有兵守关，项羽军无法通过，又听说刘邦已经攻破咸阳，项羽大怒，派当阳君攻破函谷关，40万大军驻扎于新丰鸿门，刘邦军10万驻扎霸上。刘邦左司马曹无伤派人告诉项羽，说刘邦想在关中称王，并且用子婴为相，珍宝全部占有。范增也告诉项羽，说刘邦在山东时贪财好色，入关后却不取财物女人，志向不小，应该趁早杀了他。

项羽叔父项伯与刘邦手下的张良关系友好，连夜前往刘邦军中见张良，想要劝张良逃走，却反被张良拉拢。项伯回来后告诉项羽，刘邦攻破咸阳有大功，如果进攻他是不义之举，项羽表示赞同。

刘邦第二天率领一百多骑兵来见项羽，赴了上文提到过的"鸿门宴"，但最终刘邦还是全身而退。

项羽进入咸阳后，引兵屠戮咸阳，杀秦王子婴，火烧秦王宫，大火连续烧了3个月没有灭。项羽搜集宝物美女准备回江东，有人劝他说关中富饶，可以成王霸之业。但项羽见秦王宫都已经被毁坏，自己又迫切地想回到江东，于是不听劝告。那人又说，都说楚人性情残暴，果然是这样。项羽听后非常气愤，于是把那个人杀了。

项羽在得到楚怀王的同意后，自立为西楚霸王，封刘邦为汉王，章邯为雍王，司马欣为塞王，董翳为翟王，魏王豹为西魏王，申阳为河南王，司马卬殷王，赵王歇为代王，张耳为常山王，当阳君英布为九江王，吴芮为衡山王，共敖为临江王，燕王韩广为辽东王，臧荼为燕王，齐王田市为胶东王，田都为齐王，田安为济北王等十八个诸侯王。

如果纵观历史，"分封诸侯"对于项羽而言虽然解决了眼下的困难，却为自己埋下了一枚隐形炸弹，这也成了日后他在楚汉战争之中失利的关键。由此可见，西楚霸王虽然是一员猛将，但却缺少长远的目光。

英雄的战役

项羽分封完诸侯，诸侯前往各封国，项羽将义帝迁往长沙郴县，暗中令衡山王吴芮、临江王共敖于途中将义帝杀死。

公元前 206 年（汉元年）8 月，齐、赵诸侯叛乱，项羽率军前往平乱，听闻刘邦已定关中，非常愤怒，封郑昌为韩王，派其前往阻挡刘邦，令萧公角阻击彭越。彭越击败萧公角后，张良伪作韩王书信给项羽，说刘邦只想得关中，不会向东用兵，又伪作齐王、梁王书信给项羽说齐王准备和梁王齐心协力灭掉楚国，于是项羽放心攻打齐国。项羽征召九江王英布，英布托病不出，派遣手下将领只率领几千人前往，项羽因此怨恨英布。

公元前 205 年冬，项羽北至城阳，田荣引兵会战，被项羽击败，田荣逃往平原，被平原民众杀死。项羽烧毁齐国房屋，将降卒全部坑杀。把掳掠的男女老幼全部迁往北海，死伤无数，齐国人因此聚在一起反叛，田横趁机收编齐兵数万反攻城阳，项羽久攻不下。

刘邦率领五路诸侯兵马 56 万向东攻打楚国，项羽听闻后，留部将继续攻齐，自己亲率精兵3万去救援彭城。刘邦攻下彭城后搜集珍宝美人，大摆宴席。项羽率军从早晨开始，由萧县从西打到东，中午时打到彭城，大破刘邦军，杀死汉兵十余万。刘邦军逃往南山，项羽率军追到灵璧东阻拦，汉兵落入睢水十余万，睢水为之不流。项羽把刘邦包围了三层，却被一阵大风吹乱楚军，刘邦趁机率领数十骑兵走脱。

刘邦逃往下邑，收集败亡散卒至荥阳，各路败军先后前来会合，萧何也发动关中没有登记在册的百姓前来投奔刘邦，刘邦因此军势得以重振。项羽乘胜来战，无法取胜。刘邦彭城大败后，诸侯反叛刘邦，归附项羽。

公元前204年，刘邦在荥阳修筑甬道用以过河取敖地的粮食，项羽军多次侵夺甬道，刘邦军无法取得粮草补充，非常害怕，于是与项羽议和，项羽同意。

彭城之战，是楚汉相争历史上重大的转折点，原本处于优势的项羽，在此战役之后明显处于劣势。很多人都说，这都是张良的计谋高超，实际上这是因为项羽性格上的极大漏洞，才让别人有了可乘之机。作为一名主帅，非常忌讳不信任自己的部下，换言之，你不信任部下，部下自然不会真正用心地效命于你。

鸿沟和议后，项羽引兵东归，刘邦却趁这个时候突然撕毁盟约，追击项羽，想要把项羽一举消灭。但和刘邦约定一起出兵的韩信和彭越却没有来。项羽引兵反击刘邦，大破汉军，刘邦于是深沟高垒，坚守不出。

刘邦以加封土地为条件，说动韩信从齐地南下，占领楚都彭城和今天苏北、皖北、豫东等广大地区，兵锋直指楚军侧背，自东向西夹击项羽；梁王彭越率军数万从梁地出发，先南下后西进，与刘邦本部军共同逼楚军后退；汉将刘贾率军数万会同九江王英布合兵 10 万，自淮北出发，从西南方发动对楚地的进攻，先克寿春，再攻下城父并将此城军民全部屠尽；而镇守南线的楚将大司马周殷却在此时叛楚，先屠灭六县，再与英布、刘贾会师，随后北上合击项羽；同时，得到关中兵丁补充的刘邦则率本部军 20 万出固陵东进；汉军五路大军合计近 60 万之众，形成从西、北、西南、东北四面合围楚军之势，项羽被迫率 10 万楚军向垓下后撤。

刘邦以韩信引兵 30 万为前军，将军孔熙为左翼、陈贺为右翼，刘邦率部跟进，将军周勃断后。项羽引兵 10 万先与韩信大战，韩信军失利退却，令左右两翼夹攻项羽军，项羽军抵敌不住，于是往后撤，韩信趁机反击，项羽军大败，退到壁垒坚守，刘邦乘胜领大军将项羽重重包围。

项羽军在垓下不但兵少，而且粮草不够，又被刘邦几十万大军包围，于是率领 800 骑兵趁夜突围。天亮后，汉军发觉项羽离去，于是灌婴率 5000 精锐骑兵追击，等他渡过淮河，随从的骑兵只有 100 多人了。来到阴陵时，项羽迷路了，他去问一个老农，老农回答："左"，于是项羽领兵往左去，结果却陷入了一片沼泽，耽误了时间。汉军追了上来，经过一场激战，项羽又往东去，到达东城的一座山上，只剩下了 28 骑，而追击的汉军却有数千人。最后项羽回天无力，死于垓下。

垓下之战，可以说是项羽这个英雄人物最悲情的一幕，我们似乎看到了他最终的无奈、不甘，可是这一切，真正的原因就是项羽自己，他的性格缺陷最终导致了悲剧式的结局。

乌江自刎

在项羽被刘邦围困时，他自忖不能脱身，就对部下说："我从起兵到现在已经八年，经七十余战，抵挡我的人都被我攻破，我打击的人都表示臣服，未尝败北，遂称霸天下。现在困于此，不是我不会打仗，而是天要亡我！今日要决死一战了，我要为诸君痛快地一战，必定要胜利三次，为诸君击溃包围、斩将、砍旗，让诸君知道，是天要亡我，非我不会打仗。"于是他分骑兵为四队，此时，汉军围困数重，项羽对他的骑兵们说："我为你们杀掉对方一将！"于是他命令骑兵们分四面向山下冲，约在山东面会合。项羽大呼驰下，斩杀一汉将。赤泉侯杨喜追杀项羽，项羽大喝一声，杨喜的人马俱惊，退后数里！项羽与骑兵分为三队，汉军不知项羽在哪队，就也分三队包围。项羽飞驰而出，又斩杀一汉将，同时杀近百人，再会合骑兵，仅损失两骑。项羽问："怎么样？"骑兵们钦佩地回答："和大王说的一样。"

项羽一路逃到乌江，遇见乌江亭长，亭长劝项羽回到江东以图东山再起，但项羽以无颜见江东父老为由拒绝，并将自己坐下马赐予亭长。项羽于是下马步战，一口气杀了汉兵几百人，自己也受了十几处的伤，而后挥刀自刎。

第二节　以步制骑，千古奇观
——李牧

人物简介：

李牧，嬴姓，李氏，名牧，汉族，柏仁人，是战国时期赵国的军事家，与白起、王翦、廉颇并称"战国四大名将"。

大破匈奴

李牧是赵国北部边境的一员大将，他主要功绩就在于驻守代地雁门郡，防备匈奴。朝廷长期都会根据需要设置官吏，凡地内城市的租税都送入李牧的幕府，作为军队的经费。他每天宰杀几头牛犒赏士兵，教士兵练习射箭骑马，小心看守烽火台，多派侦察敌情的人员，对战士待遇优厚。

为了体恤士兵，李牧还定出规章，规定："匈奴如果入侵，要赶快收拢人马退入营垒固守，有胆敢去捕捉敌人的斩首。"

所以，每每匈奴入侵，烽火传来警报，立即收拢人马退入营垒固守，不敢出战。像这样过了好几年，人马物资也没有什么损失。可是匈奴却认为李牧胆小，就连赵国守边的官兵也认为自己的主将胆小怯战。赵王责备李牧，李牧依然如故。赵王发怒，把他召回，派别人代他领兵。

在此之后一年多的时间里，匈奴每次来侵犯，就出兵交战，屡次失利，损失伤亡很多，边境上无法耕田、放牧。赵王只好再请李牧出任。李牧闭门不出，坚持说有病。赵王就一再强使李牧出来，让他领兵。李牧说："大王一定要用我，我还是像以前那样做，才敢奉命。"赵王答应他的要求。

李牧来到边境，还按照原来的章程。匈奴好几年都一无所获，但又始终认为李牧胆怯。边境的官兵每天得到赏赐可是无用武之地，都愿意打一仗。于是李牧就准备了精选的战车 1300 辆，精选的战马 13000 匹，敢于冲锋陷阵的勇士 5 万人，善射的士兵 10 万人，全部组织起来训练作战。同时让大批牲畜到处放牧，放牧的人民满山遍野。匈奴小股人马入侵，李牧就假装失败，故意把几千人丢弃给匈奴。单于听到这种情况，就率领大批人马入侵。

李牧布下许多骑兵，张开左右两翼包抄反击敌军，大败匈奴，杀死匈奴10多万人马。灭了襜褴，打败了东胡，收降了林胡，单于逃跑。此后十多年，匈奴都不敢接近赵国边境城镇。

在一场战事之中，有很多时候，忍耐能够成为一个非常关键的要素，这种忍耐并非是胆小怕事，而是在智谋支撑下的果敢。在面对彪悍匈奴的时候，李牧就是凭借着自己的耐心、计谋、勇猛战胜了他们。

连却秦军

纵观李牧的一生，大致可划分为两个阶段——前一段是在赵国北部边境，抗击匈奴；后一段是在朝中参与政治军事活动，以抵御秦国为主。无论是匈奴还是秦国，都是劲敌，匈奴和秦国的实力都是难以克服的。而李牧在指挥战役的时候，冷静果敢、勇猛出击成为他的指挥方针。

公元前233年，桓齮乘胜进击，率领大军，翻越太行山从北麓深入到赵国的后方，并且攻占了赤丽、宜安（今河北藁城西南二十里），直向邯郸进军。赵国遭遇了前所未有的危机，为了迎战秦军，赵王特意从雁门调回了李牧，任命他为大将军，率所部南下，指挥赵军反击秦军。

很快，李牧就率领边防军的主力与邯郸派出的赵军会合，并且在宜安附近与秦军对峙。他认为秦军连续获胜，士气甚高，如果刚到这里就仓促迎战，在势头上就输掉一大截，很难取胜。于是就命令士兵们筑垒固守，避免决战，等敌军松懈、疲惫，伺机反攻，拒不出战。

但是桓齮却认为，过去廉颇将军以坚垒拒王龁，现如今李牧又用此计，秦军肯定会看出他的意图；而且秦军属于远征，不利持久，理应马上出击。但是李牧不为所动。

后来，秦军的主力要去肥下增援，营中留守兵力薄弱；再加上多日来赵军采取守势，拒不出战，秦军就放松了警惕。李牧趁着这个机会一举袭占秦军大营，俘获全部留守秦军及辎重。李牧判断桓齮必将回救，就部署一部兵力正面阻击敌人，将主力配置于两翼。当正面赵军与撤回秦军接触时，立即指挥两翼赵军实施钳攻。经激烈战斗，大破秦军。李牧因功被封为武安君。

武安君李牧是战国末年东方六国最杰出的将领之一，深得士兵和人民的爱戴，有着崇高的威望。在一系列的作战中，他屡次重创敌军而未尝败，显示了高超的军事指挥艺术。尤其是破匈奴之战和肥下之战，前者是中国战争史上以步兵大兵团全歼骑兵大兵团的典型战例，后者则是围歼战的范例。他的无辜被害，使赵国自毁长城，也使后人扼腕叹恨。

第三节　出将入相，才兼文武世无双
——徐达

人物简介：

徐达，字天德，中国明朝开国军事统帅，追随朱元璋之后屡建奇功，明朝建立之后，官居中书右丞相，封魏国公，追封中山王。

开国元勋

1335 年 6 月，朱元璋回到自己的老家凤阳招兵买马，少年时期和朱元璋一直玩耍的小伙伴徐达、周德兴、郭英等人都被他招至麾下，在此之后数十年，徐达都跟随朱元璋南征北战夺取江山，威震天下，历授大将军、元帅等职。徐达作为明朝的开国元勋，为朱元璋立下的战功数不胜数。

　　明洪武元年（1368年），徐达率领大军攻克了元大都（也就是现在的北京），元顺帝弃城逃走。8月徐达占大都，改名北平府，元朝灭亡。但是元顺帝及其元朝残余势力仍然没彻底消失，他们退走漠北，继续与明朝对垒，史称北元。尽管元顺帝不久死于应昌，但是北元骑兵仍以广袤无垠的蒙古草原为根据地，倏忽往来，踪迹不定，成为明朝初期的最大威胁。

　　为了抵御北元的威胁，徐达奉命驻守边疆，驻守着北边重地。在这里，他非常努力地练兵马、修城池，甚至提议迁出"山后六州"的百姓充实内地。在边疆，他大力推行军屯制，加强了边防建设。因为有了徐达的驻守边疆，北元并不敢造次，时间久了，自然就构不成威胁。尽管北元威胁已不存在了，徐达仍然上书给朱元璋，提出："山海地形好似雄鸡咽喉处，这也是大明江山的咽喉，为了国家的长治久安，决定在此筹建长城、城池及关防。"朱元璋一听，觉得徐达有远见，就同意了。后来徐达指挥十余万边卒修筑北边长城、永平、界岭诸关，山海关始成，成为京东军事重镇。

　　通过这些，我们不难看出，徐达虽然出生于一个世代种田的农民家庭，但是在追随朱元璋之后，他"仗剑往从"，从此开始了戎马倥偬的军事生涯。

　　投奔朱元璋后，徐达不仅作战勇敢，而且"时时以王霸之略进"，协助朱元璋收编了定远的几支地主武装。在此之后，他更是将这种勇敢作战的作风一直坚持下去。徐达治军严明，不仅要求部下听从号令指挥，

"令出不二"，而且严禁他们骚扰百姓，"有违令扰民，必戮以徇"。他还注意优待俘虏，以分化瓦解敌人。凡是俘获敌军将士和间谍密探，他都"结以恩义，俾为己用"。所以他带兵出征，特别是在率军北伐过程中，经常出现"大军勘定者犹少，先声归命者更多"的局面。

事必躬亲

除了领兵的时候，徐达凭借着自己的果断勇敢，战无不胜。在其他时候，他对自己也严格要求，任何事情都事必躬亲，力求做到完美。我们来看这样一个小故事：

洪武十三年的冬天，腊月的寒风裹着漫天飞雪，扰得迁民镇东战场天昏地暗。北元骑兵长途来袭尚未立稳脚跟，就遇到了训练有素的徐达铁军。双方排开阵势，摇旗呐喊，击鼓为号，英勇奋战。徐达当时正当壮年，豪气冲天，锦旗一挥，指挥着明兵掩杀过去。很快，北元军就抵挡不住，四散逃奔，明军取得了全胜。这是徐达第一次来迁民镇便获得守关大捷。

因为取得了胜利，当天晚上，徐达就率军返回了迁民镇，然而当他们行到镇东八里的地方，被五位老人拦住。原来他们是八里堡村的边民，因为亲眼看见了军前大战，敬佩勇武的大将军，特地来感谢救命之恩。

徐达本是农民出身，见到老人家，立刻就觉得备感亲切，便与老人们攀谈起来。老人们一看徐达将军如此随和，也就不见外，甚至还拉他到家围着火炉取暖。见到此情此景，徐达豪爽地命部下先行回营，便带了几个亲兵进到农家去了。

迁民镇地处东北和华北的咽喉要道，是北方蒙古和金人侵略中原的要冲之地。每到秋收的时候，就遭受到侵略者的袭扰，有时候甚至一年的收成被掠去大半，老弱妇孺惨遭蹂躏，老百姓苦不堪言。

徐达听到老乡们这样说，立刻抚慰他们，并且保证自己一定会尽力保护大家安全。尽管嘴上这样说着，但是当他看到老乡家里满是凋零的窝棚，心底涌起一股愧疚——他想起朱元璋与他彻夜长谈的定国之策：高筑墙、广积粮、缓称王。想着想着，徐达就在心中逐渐澄清了一个原来模糊的思路——在山海之间这一狭长的地方拦腰筑起长城，以利长治久安，让这些边民都迁徙到长城以西，安居乐业。

第二天一大早，徐达就派人将五位老人请来，询问他们，如果在这里筑长城抵抗侵略，该如何设定线路呢？几位老人都觉得这是一个好主意，并且愿意配合。自此之后，徐达就和这五位老人生活在一起。他们从海边起步，凭着五位老人的经验，一步步丈量，由南向北，雪地上的脚印在一步步地向北延伸，地图上的一条红线也一点点地延长。

为了实现建造抵御外敌的长城，徐达不仅和几位老乡打成一片，更是亲自实地考察，通过一个半月左右的时间，几乎走遍了北疆的山山水水。正是因为有了他这种事必躬亲的态度，明长城在抵御外敌的时候发挥了非常重要的作用。

忠肝义胆　方得善终

徐达戎马一生，但是在人生的最后时刻，却显示出过人的智慧。朱元璋生性多疑，在建立明朝之后，对于这些开国功臣，其实内心并不十分信任，而徐达同样也遭受到了他的猜忌。为了表明自己的忠诚，徐达多次表示由于身体不适，希望能够退出庙堂，但是朱元璋并没有同意。

徐达深知，尽管自己是开国元勋，且与皇帝有着深厚的感情，但是在皇权面前，他只有低调，才能保全自己。

关于徐达之死，野史上一直有传闻。相传，朱元璋非常惧怕徐达威胁朝廷，赐他一大碗烧鹅吃。因为徐达对烧鹅敏感，所以平日就不吃烧鹅，对于这一点，从小一起长大的朱元璋内心非常清楚。于是就赐给他一碗鹅肉，由于是皇帝所赐，不能不吃，结果徐达涕泪交流，把朱元璋所赐的烧鹅全数吃完，之后全身溃烂而死。另一说法是徐达生瘤，不能吃鹅，朱元璋偏赐烧鹅，徐达知朱元璋的意思，于是把朱元璋所赐的烧鹅全数吃完而死。吃烧鹅不一定死，但皇帝赐烧鹅就是赐死，即便他吃完鹅没有死，也要遵从皇帝的意愿服毒自尽。

但是，这个说法并没有的史料能够佐证，反而是在很多其他小说中才出现的桥段，所以不足为信。况且，徐达为人低调，且多次显示了自己对明朝、对朱元璋的忠诚，所以朱元璋没有理由这样做。

据史料记载，洪武十八年二月，徐达病逝，享年 54 岁。朱元璋追封他为中山王，赐谥"武宁"，赐葬于南京钟山之阴，并亲为之撰写神道碑，赞扬他"忠志无疵，昭明乎日月"。尽管朱元璋的确因为自己多疑，对某些功高盖主的大臣采取了手段，但是在这种大环境之下，徐达仍然能够寿终正寝，这才是难得的大智慧。

第四节　三箭定天下
——薛仁贵

人物简介：

薛礼，字仁贵，唐朝名将，著名军事家、政治家，创造了"良策息干戈"、"三箭定天山"、"神勇收辽东"、"仁政高丽国"、"爱民象州城"、"脱帽退万敌"等在军事、政治上的赫赫功勋。

依靠勇猛名扬天下

薛仁贵出身于一个贫困家庭之中，他自幼习文练武，刻苦努力，再加上他天生臂力过人，所以在他年轻的时候就曾经有人断言过：有本事的人，要善于抓住时机。现在当今皇帝御驾亲征辽东，正是需要猛将的时候，你有这一身的本事，何不从军立个功名？很快，薛仁贵就投身军营，做了一名小兵。但是，是金子总会发光的，很快，他就凭借着自己的勇猛立了战功：

公元 645 年，唐太宗从洛阳出发出征高句丽。同年三月，唐朝将领刘君邛在辽东安地战场上被敌军团团围困，无法脱身。就在这个危难的时刻，薛仁贵单枪匹马挺身而出，他直取高句丽一将领的人头，并且将头悬挂于马上，令敌人观之胆寒，这就从气势上先声夺人。高句丽一看此人勇猛过人，便撤了军，而刘君邛也得救了。

就是这样一次战役，让薛仁贵的名字在军营之中流传开来，当然，他的勇猛事迹还有很多：

公元 645 年 4 月，唐军前锋已经进军高句丽，并且不断击败高句丽守军，取得胜利。但是，高句丽并不甘心失败，他们派遣大将高延寿、高惠真率领 25 万大军在依山驻扎，借此抗拒唐军。御驾亲征的唐太宗视察了地形之后，命诸将率军分头进击。接到命令之后，薛仁贵身着一袭白衣，手持方天画戟，腰挎双弓，单骑冲阵，他的勇猛影响了整个唐军的士气，很快唐军大举跟进，高句丽军大败。这场战役之后，李世民召见了当时只是小兵的薛仁贵，提拔他为游击将军、云泉府果毅，并且赐马 2 匹，绢 40 匹，生口 10 人为奴。

后来，唐军被困在安市城，当时江夏王李道宗献策派兵偷袭平壤，他们希望能够凭借这场战役达到调虎离山之计，将安市城敌军引向平壤一线，以攻取安市城。但由于唐太宗李世民还在军中，长孙无忌极力劝阻，生怕皇帝陷入危机之中，不敢偷袭平壤。

这一年的冬天，因为粮草供给不足，唐军只好选择撤退。在回程的途中，李世民对薛仁贵说了这样的一番话："朕旧将并老，不堪受阃外之寄，每欲抽擢骁雄，莫如卿者。朕不喜得辽东，喜得卿也。"意思是说，我的将领们都老了，没有比得过你的了，这次征伐，就算得到辽东也不是我高兴的，最高兴的是能得到你这样的一个人才。太宗于是提升薛仁贵为右领军中郎将。

通过这两场战役中的勇猛表现，薛仁贵脱颖而出，一次是因为他勇敢地孤身救主将，一次是孤身深入敌后，这两次表现都让李世民对他都刮目相看。当时的薛仁贵只是军队中名不见经传的小人物，却能在关键时刻发挥自己的本领。

战场上的勇士

纵观薛仁贵一生的经历，早年他凭借自己的勇猛而成名，后来他指挥作战也是非常厉害的，可以说是个军事家。在高句丽作为地方父母官，他大力发展生产，整顿民生，能使亡国者感恩。在象州的作为，说明薛仁贵的政治才能也是很突出的。薛仁贵一生作战 40 年，仅败 1 次，一生没有犯过一次军事指挥上的战略错误，而且他纂写的《周易新本古意》为世界上第一部辩证法理论的军事著作，可见其军事才能的出色。薛仁贵是中国历史上唯一一位能让敌人在未开战之时就下马跪拜的将军，他打败过铁勒等诸多外族侵略，是不该忘记的"战神"。

公元658年，唐高宗李治命程名振再次征讨高句丽，以薛仁贵为其副将。薛仁贵率领军队在贵端城（也就是现在的辽宁浑河一带）击败高句丽军，斩首三千余级。第二年，薛仁贵又和梁建方、契苾何力等与高句丽大将温沙门战于横山。当时，薛仁贵手持弓箭，一马当先，冲入敌阵，所射者无不应弦倒地。接着，又与高丽军战于石城，遇善射敌将，杀唐军十余人，无人敢当。薛仁贵见状大怒，单骑突入，直取敌将。那个敌将慑于薛仁贵勇武，来不及放箭，即被薛仁贵生擒。不久，薛仁贵与辛文陵在黑山击败契丹，擒契丹王阿卜固以下将士，战后他因功拜左武卫将军，封河东县男。

公元666年，高句丽莫离支泉盖苏文死，其子泉男生继位，但为其弟泉男健驱逐，特遣使者向唐求救。唐高宗派庞同善、高品前去慰纳，为泉男健所拒，于是，唐高宗命薛仁贵率军援送庞同善、高品。行至新城，庞同善为高句丽军袭击，薛仁贵得知后，率军及时赶到，击斩敌首数百级，解救了庞同善。庞同善、高品进至金山，又为高句丽军袭击，薛仁贵闻讯后，率军将高句丽军截为两断奋击，斩首5000余级，并乘胜攻占高句丽南苏、木底、苍岩三城，与泉男生相遇。对此，唐高宗特下诏慰勉薛仁贵。接着，薛仁贵又率两千人进攻高句丽重镇扶余城，这时，部将都以兵少为由，劝他不要轻进。薛仁贵说"兵在善用，不在众"，于是率军出征。这次战役，他身先士卒，共杀敌万余人，攻拔扶余城，一时声威大振，扶余川40余城纷纷望风降服。这时，唐又派李绩为大总管，由他道乘机进攻高句丽。薛仁贵也沿海跟进，与李绩合兵于平壤城，高句丽降伏。之后，唐高宗命薛仁贵与刘仁轨率兵二万留守平壤，并授薛仁贵为右威卫大将军，封平阳郡公兼安东都护。

除了在征讨高句丽的战争中薛仁贵勇猛无比, 在对待回纥的战争中他同样如此。公元 661 年, 一向与唐友好的回纥首领婆闰死, 继位的比粟转而与唐为敌。唐高宗诏郑仁泰为主将, 薛仁贵为副将, 领兵赴天山击九姓回纥。临行前, 唐高宗特在内殿赐宴, 席间唐高宗对薛仁贵说: "古善射有穿七札者, 卿试以五甲射焉。" 薛仁贵应命, 置甲取弓箭射去, 只听弓弦响过, 箭已穿五甲而过。唐高宗大吃一惊, 当场就命人取坚甲赏赐薛仁贵。郑仁泰、薛仁贵率军赴天山后, 回纥九姓拥众十余万相拒, 并令骁勇骑士数十人前来挑战。薛仁贵临阵发三箭射死三人, 其余骑士慑于薛仁贵神威都下马请降。薛仁贵乘势挥军掩杀, 九姓回纥大败, 所降全部坑杀。接着, 薛仁贵又越过碛北追击败众, 俘虏了敌军首领兄弟三人。薛仁贵收兵后, 军中传唱说: "将军三箭定天山, 壮士长歌入汉关。" 自此之后, 回纥九姓衰败, 不再为边患。

薛仁贵 "三箭定天山", 可见无愧于他 "战神" 的称号。一个人拥有一时的勇气, 并非难事, 要是在所有战场上都拥有勇气和机智却并非易事。与其说薛仁贵拥有的是无限的勇气, 倒不如说是他内心的爱国情怀, 正是因为这样的情操一直激励着他。古往今来, 信仰带给人们无穷的动力, 只要心中坚定了自己的理想, 就有如神助。

危机之中勇敢救主

通过几次战争, 薛仁贵已经成为当时军营中的一个传奇人物, 自然是要被委以重任的。统领宫廷禁卫军被派驻扎玄武门, 宫廷禁卫军虽不是职位特别高的官, 但那是守卫皇帝的安全工作, 是很重要的职位。一个农民出身的士兵而且没有任何家庭背景和人际关系的人, 可以被皇帝这样信任，足可见其忠义与实力。加上那是唐太宗得天下的门，也能看出意义非凡，这个"守天下之门"日后他也做到了。就这样没什么战事，薛仁贵守了12年半的玄武门，期间千古一帝唐太宗也去世了。纵观薛仁贵起家，是唐太宗亲自发现了这块埋在土里的金子，但是真正给了他叱咤风云军事舞台的人是唐太宗的儿子，雄韬大略的唐高宗。

对于这两位皇帝，薛仁贵都忠心护主，甚至曾经在危机之中救过唐高宗的性命。

那是公元654年5月的一个夜晚，天降大雨，山洪暴发，大水冲至玄武门。看到这场突如其来的天灾，玄武门负责保护皇帝的人大多匆忙逃命去了。薛仁贵看到这个场景愤怒地说："现在皇帝有难，岂可贪生怕死呢？"

薛仁贵冒着生命危险登上门框，向皇宫大呼，最终将高宗救出了险情。后来高宗感其恩，说："赖得卿呼，方免沦溺，始知有忠臣也。（多亏了你，我才没有被水溺死，我才知道这世上有忠臣啊。）"根据史料记载，这次山洪附近死了几千人。幸好薛仁贵勇猛，不为情形所影响，否则中国历史可能就要改变了。唐高宗非常感谢薛仁贵，以至于日后多次提起此事。也许大家认为这不是什么开疆扩土的大功，但是皇帝认为这功很大，毕竟是救了自己一命，从此薛仁贵的人生上了一个新台阶。

薛仁贵是唐朝的爱国名将、民族英雄，官至左威卫大将军、安东都护。他终生喜穿白袍，因之，白袍即薛仁贵，薛仁贵即白袍。他为了保卫大唐社稷戎马一生，出生入死，大战40年，功勋卓越。在朝鲜和象州的政绩也非常突出，他创造了"三箭定天山"、"神勇收辽东"、"一貌退万敌"、"良策息干戈"、"仁政高句丽国"、"爱民象州城"等赫赫功勋。

而薛仁贵衍传的十二世裔孙47人和其他河东薛氏裔孙几百位文武

官员，都曾经为唐朝相继即位的 21 位皇帝尽忠报国，为中国历史的著名的"大唐盛世"建功立业。所以，"薛家将"是中国古代"爱国为民"的光辉典范。

第五节　无役不从，战无不胜
——常遇春

个人简历：

常遇春，字伯仁，号燕衡，元末红巾军杰出将领，明朝开国名将。元顺帝至正十五年归附朱元璋，自请为前锋，力战克敌，尝自言能将十万众横行天下，军中称常十万。常遇春官至中书平章政事，封鄂国公，洪武二年病卒军中，被追封为开平王。

机缘巧合遇良主

常遇春在投军之前，身世和徐达非常相似，同样是出身于贫苦农民之家。在他的青少年时期，因为不甘心老死田间，就开始随人习练武术。因为没有钱付学费，只好以多出力干些勤杂工换取学习机会。长大成人之后，常遇春体貌奇伟，身高臂长，力大过人，学武有成，精于骑射，各种兵器都能使用。这样看来，常遇春是一个注定要驰骋战场的将领人物，但这样的人物在乱世之中投靠谁，这也是一种智慧，而常遇春对此非常慎重。

元末时期，阶级矛盾日益激化，民间的起义军旁支众多，常遇春因不满生活现状，无法忍受饥饿的折磨，就投奔活动于怀远、定远一带的绿林大盗刘聚。刘聚见常遇春有勇力，遇事果敢，就让他当什夫长，并引为心腹。常遇春跟随刘聚之后，只知道拦路抢掠，入宅为盗。最开始的时候，常遇春还觉得感觉不错，但时间长了，他就发现刘聚这伙人只知打家劫舍、四处抢夺，并没有什么打算或远图，他就萌生出脱离盗群，另寻出路的念头。

恰好这时，常遇春随刘聚在和州抢掠的时候遇上了朱元璋率军攻和州。他早就听人说过朱元璋仗义豪侠，很有作为，于是便利用在和州相遇的机会，装成老百姓观察朱元璋的行径。常遇春亲眼看见朱元璋平易近人、视士卒如弟兄的作风，也看到了朱元璋的部队纪律严明，不害百姓的行为。这时候，常遇春知道朱元璋是个做大事的人，而刘聚仅仅是个盗匪，不能与朱元璋相比。于是他当机立断，立刻决定投奔朱元璋。

然而，常遇春去投奔朱元璋的时候却遭到了冷遇。朱元璋问常遇春："你是不是挨了饿，想到我的队伍中找饭吃？"

常遇春回答说："我在刘聚手下打家劫舍，并不愁衣食，只是刘聚只知抢掠和盗窃，并无大志。我听说将军是位贤明智者，因此前来投奔，为将来的前程愿效死力。"

朱元璋问："你能跟我过江打仗吗？"

常遇春回答："将军指到哪里，我愿打到哪里，渡江之日，愿为先锋。"朱元璋见常遇春身材魁梧，体魄健壮，出语忠恳，就把他留了下来。

就算是一匹千里马也要有懂得赏识他的伯乐，幸运的是常遇春自己找到了这个伯乐，终于可以让他一展抱负，在以后的战场上尽显自己的雄伟风姿。

横扫千军常十万

常遇春投靠了朱元璋之后, 凭借着自己的勇猛, 迅速成为朱元璋帐下的一员猛将, 建立了赫赫战功。

公元 1359 年 7 月, 朱元璋攻取金华之后, 派遣常遇春进兵攻取衢州。常遇春率部一路杀将而来, 首先攻取了龙游城。他在戎马倥偬间, 还吟赋《龙游道中》一诗以纪行: "策蹇龙游道, 西风妒旅袍。红添秋树血, 绿长旱池毛。比屋豪华歇, 平原杀气高。越山青入眼, 回首冀须搔。" 字里行间, 流露着英雄豪气。当常遇春率领马、步、水三军到达衢州城下时, 却见城垣壁垒森严, 固若金汤。

常遇春率领士兵在城下树栅栏, 建奉天旗, 从陆上、水上将衢州 6 座城门团团围住。然后他又造吕公车、长木梯、仙人桥、懒龙爪等攻城军械, "拥至城下, 高与云齐, 欲阶以登城", 他又在大西门城下 "穴地道攻之"。衢州将领面对常遇春部的猛烈进攻, 凭借坚固的城垣, "以束苇灌油烧吕公车, 驾千斤秤钩懒龙爪, 用长斧砍木梯, 筑夹城防穴道"。双方交战激烈, 常遇春久攻不克。

后来, 常遇春以奇兵出其不意地突入, 毁其所架之炮, 攻围甚急。元军支持不住, 遣使密约投降, 衢州路院判张斌夜出小西门, 迎常遇春大军入城。这样, 元军甲士万人迅速崩溃。常遇春攻取衢州城后, 立 "金斗翼元帅府", 设元帅和枢密分院判官, 元朝在衢州统治势力遂荡然无存。

勇猛敢战, 这是常遇春戎马生涯的最大特点, 并贯穿于历次重大战

役，成为他的一种标志。我们再来看一个小故事：

公元1355年6月，在著名的"采石矶战役"中，面对着元朝水军元帅康茂才的严密防守，常遇春乘一小船在激流中冒着乱箭挥戈勇进，纵身登岸，冲入敌阵，左右冲突如入无人之境。朱元璋即挥军登岸，元军纷纷溃退，缘江堡垒纷纷归附。朱元璋乘胜率军攻占太平。次年三月，又攻占集庆，改为应天府。集庆及其周围地区的占领，使朱元璋获得一块财富之区，为在江南的继续开拓和壮大奠定了基础。这一阶段的战斗，常遇春锋芒初露，立了头功，开始受到朱元璋的信任，由渡江时的先锋升至元帅。

在常遇春的战绩之中，最为突出的就是当年他与徐达大将军合作，大战陈友谅。这场战役不仅是明朝建立非常重要的一场战役，同时也成为常遇春将军生涯中最为辉煌的一场战役。

公元1360年初，朱元璋令常遇春与另一名大将徐达率重兵镇守池州。陈友谅统其兵众，部署袭取池州。徐达侦悉陈友谅的行动，令常遇春率精兵万人设伏于六泉口。陈友谅兵至，全力猛攻池州城，徐达率领守军开城出击，常遇春伏兵掩其后，大破陈友谅军，斩首万余，擒捉三千，陈友谅败走江州。西征陈友谅，常遇春再立大功。

之后，陈友谅占据上游，精兵大舰，雄心勃勃，是朱元璋开拓事业的主要威胁。至1360年5月，陈友谅率水军数十万直取应天，在南京城西北的龙湾与朱元璋军展开一场恶战。朱元璋以弱御强，设计用伏，诱敌深入，常遇春奉命与冯国胜率帐前五翼军三万人设伏，为全军主力。经过一场鏖战，在龙湾登陆的陈友谅兵马遭到常遇春、冯国胜伏兵的冲杀，死伤惨重，溃不成军。正值江水落潮，龙湾水浅，陈友谅一百多艘巨舰全部搁浅，朱元璋挥水陆军并进，陈友谅大败而逃。龙湾大捷，朱元璋转危为安，并壮大了力量。

公元 1363 年，龙湾战后的第三年，陈友谅以号称六十万大军倾巢来攻，在鄱阳湖与朱元璋军进行了一场持续 36 天的决定生死存亡的水上大决战。朱元璋先是派兵封锁敌人的归路，交战中，陈友谅军船大、坚固，但速度慢，朱元璋军船小、速度快，操作灵活，两军相持，难解难分。一次朱元璋座船搁浅，陈友谅的大将张定边率船队来围攻，情况危急。常遇春奋勇当先，射伤张定边，又用自己的战船撞击朱元璋的座船，使其脱离浅滩。战斗中常遇春奉命积极组织火攻，发挥小船优势，乘风纵火，陈友谅的舰队被烧得烈焰冲天，兵将损失过半，湖水尽赤。陈友谅率残舰撤往湖口，又受到朱元璋诸将的追击和常遇春的迎头堵截，陈友谅在混战中被流矢射中死去。这场决战扭转了双方力量的对比，陈友谅覆灭使朱元璋成为群雄中之强者。常遇春因功受赏，得金帛田地甚厚。不久，升为平章政事。

这次战役不仅恢复了皖南军事要地太平县，也使汉军龟缩于武汉不敢再犯。论功行赏常遇春功劳最大。朱元璋夸赞他说："当百万众，摧锋陷坚，莫如副将军。"

常遇春当年设伏的地方就在今天九华山的大古岭、凤凰岭一带，并在百丈潭前留有诗文："赤汗透征袍，何如孝隐高。结庐亲冢侧，只为报劬劳。"

然而可惜的是，常遇春只活到 40 岁就病死于柳河川。他一生为将未曾败北，自言能将十万军横行天下，军中有"常十万"之称，人们美称他为"天下奇男子"。死后，被追封为"开平王"，故六泉口又有"开平寨"之称。

第六节　一身是胆的白袍将领
——赵子龙

人物简历：

赵云，字子龙，身长八尺，姿颜雄伟，蜀汉五虎上将之一。赵云跟随刘备将近30年，先后参加过博望坡之战、长坂坡之战、江南平定战，独自指挥过入川之战、汉水之战、箕谷之战，都取得了非常好的战果。除了四处征战，赵云还先后以偏将军任桂阳太守，以留营司马留守公安，以翊军将军督江州。赵云死后被追谥为顺平侯。

追随刘备

在很多"三国迷"眼中，他们喜欢的并非是料事如神的诸葛孔明，也不是侠肝义胆的关二爷，更多人会选择常山赵云。他凭借着自己"浑身是胆"的勇猛，赢得了世人的敬佩。但是赵云并非仅靠着蛮力和冲动，实际上他是一个思维很谨慎、很周全的人，这一点从他选择追随刘备就能看出来：

赵云受常山郡百姓推举，率领本郡吏兵投奔公孙瓒。公孙瓒对赵云说："听说冀州的人都想依附袁绍，怎么唯独你能迷途知返呢？"赵云回答说："天下大乱，不知道谁是明主，百姓有倒悬之危，鄙州经过商议讨论，要追随仁政所在，并不是因为我个人疏远袁绍而偏向于将军您。"赵云自此随公孙瓒四处征讨。

当时刘备亦依附在公孙瓒处，看到赵云，立刻就觉得此人并非等闲之辈，深加接纳。公孙瓒与袁绍交战，派遣青州刺史田楷占据山东附近的土地，袁绍亦派数万大军前来争地，公孙瓒便上表将刘备提升为别部司马，派刘备前去帮助田楷抵抗袁绍。赵云随刘备出征，为刘备掌管骑兵。

后来，刘备被曹操打败之后前去依附袁绍。赵云至邺城求见刘备，二人同床眠卧。刘备密谴赵云招募兵士数百，对外宣称是左将军刘备余部，袁绍并不知道此事。赵云从此便追随刘备，后来随他至荆州。

顾大局　知大体

赵云追随刘备之后，有一个非常响亮的称号——"常胜将军"，但其实史书上并没有记载赵云是常胜将军的描述，这只是民间对赵云的赞扬。其实，赵云有过打败仗的经历，但是赵云仍然被称作是常胜将军，其主要原因是赵云在唯一一次败仗中没有受到较大的损失，类似的情况在长坂坡也有发生。长坂坡之战虽然刘备军战败了，但是在赵云的努力下救出了刘备的夫人和孩子，而在小说中对赵云大战长坂坡进行了艺术加工，说赵云闯入 80 多万曹军里竟无人能挡。

"箕谷之战"也是一样，大军已经决定撤退，为防止敌军追击，赵云亲自断后，虽然那时赵云已经年老，却仍能斩将破敌。而在其他的战役里，赵云也常能在失败的战斗里有突出表现，即使战局处于劣势，赵云也能斩将杀敌，立于不败之地，所以长久以来就给广大民众造成了赵云不会被打败的印象。一些民间传说中，甚至有赵云征战一生从未受伤的说法，由此可见，常胜将军赵云早已经深入人心了。除了在战场上赵云非常勇猛果敢，在官场上他同样如此，甚至在很多时候都深明大义：

　　刘备称帝不久，关羽被东吴袭杀，荆州又落入孙权的手中。刘备为此怒火中烧，决计发动一场不计后果的伐吴之战。在这种事关蜀汉兴衰、三国鼎立大局的严峻关头，包括诸葛亮在内的满朝文武，或是因为害怕盛怒中的刘备，或是看不清当局形势，大多数人都谨小慎微，战战兢兢，闭口不言，只有益州一个叫秦宓的学士向刘备上疏说："这个时候伐东吴不占天时，对我们不利。"结果被刘备打入大牢。

　　这时，赵云又站了出来，他根据时局的发展和联孙抗曹的原则，冒着下狱的危险，上谏劝阻刘备。他说："现在的国贼是曹操而不是孙权，如果我们先消灭曹魏，那么东吴自然臣服。现在曹操虽然已经死了，但他的儿子曹丕已经篡权夺位，迫使汉献帝让位给他。如果我们现在去围困关中，讨伐曹魏，定是众心所归，民心所向，关东的义士也会备好粮草马匹呼应我们。所以，我们不应该放着曹魏不去讨伐，却先与东吴交战。一旦两兵相交，我们两家势均力敌，士兵们就没有时间卸甲休息了。"

　　赵云清醒地分析了当时的政治军事形势，立足于蜀汉朝廷的整体利益和长远利益，指出曹魏才是国家的主要敌人和威胁。他还进一步分析了征吴之役的严重后果。赵云尽忠国事的良苦用心和顾大局、识大体的远见卓识，并没有使头脑发胀、感情用事的刘备冷静下来。最终赵云虽然没有能挽回君心，阻止这场失算的战争，但历史的发展却证明了赵云的建议是正确的。

　　还有一次，赵云和夏侯惇在博望交战，活捉了夏侯兰。夏侯兰和赵云是老乡，从小就关系很好，赵云向先主请求让夏侯兰存活下来，并向他讲明了法规律例及军规。赵云没有任用自己亲近的人，他的严谨慎微就表现在这些方面。赵云在箕谷战败后，诸葛亮考虑到他没有大的军队伤残，于是从国库中取五十斤黄金赠送赵云，一万匹绢布赏赐他的军队，赵云推辞说："我率军队没有任何功劳，而且我们还都有罪过，如果犯了错还受赏赐，这是丞相赏罚不明呀，暂且请求把钱物存放在国库，等到冬天再赏赐军队也不迟。"赵云还自己请求贬为镇军将军，诸葛亮感叹说："先帝在的时候常常称颂赵云的品德，现在果真是这样，说得不错。"于是更加钦佩尊敬赵云。

由此可见，赵云是一个非常顾大局识大体的人，只有赏罚分明才能服其众立军威，只有严格要求自己，才能受人敬服爱戴。

孤身救主　浑身是胆

关于赵云勇猛，在历史上还有一个非常著名的典故——赵云救阿斗：

因为孙权谎称母亲病重，所以刘备夫人准备带阿斗回东吴，被赵云和张飞在船上拦下。

曹操得知刘备要退据江陵，担心江陵大量军用物资为其所占，于是尽弃辎重，轻军赶到襄阳。听说刘备已经南去，便率精锐骑兵五千，日夜兼程，在当阳之长坂（今掇刀一带）追上刘备。刘备猝不及防，匆忙率本部兵马2000余人迎击，根本不是曹军对手，一触即溃，吏民、物资尽被曹军抢夺。刘备弃妻丢子，与诸葛亮、张飞、赵云等数十骑逃脱。

危急之时，张飞杀入曹军阵内，保护刘备且战且退。赵云负责保护刘备家小，奋勇冲杀中，却不见了刘备的两位夫人和幼子刘禅。赵云带领三四十随从回去寻找，找了一圈没有找到，却杀死淳于导，救了糜竺和甘夫人。赵云把二人送到长坂桥，险些被张飞误解其背叛刘备，亏得简雍解释澄清事实。于是赵云把甘夫人托付于张飞后又回头寻找阿斗，但此时只有他孤身一人，没有一个随从。乱军之中赵云又刺死了夏侯恩并夺得了由其佩带的曹操的宝剑"青釭"，后于一堵矮墙边寻到了糜夫人及其怀里的阿斗，但是糜夫人已身受重伤行走不便，把阿斗托付于赵云后不顾赵云劝阻跳入一口枯井自尽。赵云把阿斗背于身上，幸得曹操爱才心切，命部下不得放箭，赵云才得以在数十万大军中背负阿斗安全杀出重围。

种种事例表明，赵云是三国时期蜀国一员猛将，和关羽、张飞不同的是，赵云胆量过人，勇猛坚韧。在经历的无数场战事里，他依靠着自己的勇敢，赢得了"常胜将军"的美名。刘备曾经这样评价他说："子龙一身都是胆也。"而刘禅则更详实地说："云昔从先帝，功积既著。朕以幼冲，涉涂艰难，赖恃忠顺，济于危险。夫所以叙元勋也，外议云宜谥。"

第 7 章

打破常规，扭转乾坤——创新突破人生

在现如今的社会中，时时刻刻讲究的是创新思维，只有创新才能让我们开创新的天地，只有创新才能让我们走出曾经的窘境，只有创新才能让我们拥有更多的机会，打造更大的舞台。

第一节 海战中的斗士
——切斯特·威廉·尼米兹

人物简历：

切斯特·威廉·尼米兹，美国海军将领，最高军阶为五星上将。尼米兹早期以研究潜艇为主，而后成为美军柴油引擎技术专家。太平洋战争爆发后，尼米兹担任了美国太平洋舰队总司令、太平洋战区盟军总司令等职务，主导对日作战，军事历史学家艾德温·帕尔玛·霍利因而评论：“哈尔西能在一场海战中取胜，斯普鲁恩斯能在一场战役中取胜，而尼米兹能在一场战争中取胜。”战后，尼米兹担任海军作战部长，一直至 1947 年退役为止。

勇敢的“海上骑士”

切斯特·威廉·尼米兹，二战期间指挥了珊瑚海海战、中途岛海战等著名战役，人称“海上骑士”。1945 年 9 月 2 日他代表美国在日本投降书上签字。

由于他战功卓著，对海军有巨大贡献，美国海军将尼米兹去世后建造的第一艘、也是当时最新锐的核动力航空母舰命名为尼米兹号航空母舰。夏威夷檀香山有以他为名的高速公路：Nimitz Hwy。

尼米兹在海军生涯初期，担任过驱逐舰和潜艇指挥官，在指挥潜艇的实践中，提出用柴油发动机代替汽油发动机的设想。经刻苦钻研，他成为潜艇动力专家，晋升海军少校军衔。进入美国海军军事学院深造期间，尼米兹和同事们一起探索以航母为核心的圆形战斗编队，并在毕业后的实践中加以完善。这种圆形战斗编队成为二战期间美国标准的航空母舰编队队形。出任太平洋舰队总司令后，他制定了"积极防御，主动出击，积小胜为大胜，重振美军士气"的战略方针。通过"珊瑚海之战"、"中途岛一役"的胜利，扭转了美国在太平洋战场的不利局面，揭开了战略反攻的序幕。

在尼米兹的一生之中，有几件大事成为他人生之中的转折点：

1941 年 12 月 7 日，日本飞机偷袭了美国夏威夷的海军基地珍珠港，港内有 18 艘舰船被击沉、击伤，这几乎是美国太平洋舰队的大部分实力。通常停泊在该港的三艘航空母舰"企业"号、"莱克星顿"号、"萨拉托加"号和一支巡洋舰队因为外出执行任务，幸免于难。

几个小时后，日机轰炸了香港，一支日本舰队出现在暹罗湾，不久即在马来西亚漫长的海岸上登陆。3 天后，日本从空中、海上轰炸了菲律宾群岛上的美军基地。美国在太平洋的据点威克岛、关岛遭到猛攻。荷属东印度群岛的苏门答腊、爪哇、婆罗洲和邻近一些岛屿被日军占领。在菲律宾，道格拉斯·麦克阿瑟指挥的美军艰难地据守在马尼拉湾西南入海处的哥黎希律岛上。

在这种情况下，罗斯福总统和海军部长诺克斯于 12 月 15 日决定改变海军的高级指挥机构，总司令部移到华盛顿，由金出任，地位在海军参谋长斯诺克之下。几星期之后，斯诺克被派往伦敦，由金同时兼任二职。罗斯福与斯诺克又亲自选尼米兹接替金梅尔，而他的官职则改名为太平洋舰队总司令。

受命于危难之际的尼米兹与其他美国海军高级将领相比，既无长期指挥海上作战部队的经历，也无值得夸耀的战功，"越过比他资历深的 28 位将官"就任太平洋舰队总司令，自然引起了许多风言风语。对此，深知责任重大的尼米兹却一笑置之，因为他正像安纳波利斯海军学校在他即将毕业时所评价的那样，是一个"对昨天感到愉快，对明天充满信心的人"。

尼米兹接到任命后立即动身前往夏威夷。当时的夏威夷到处舰船倾覆，士气低落，充斥着悲观失望和消极避战的情绪。为了鼓舞士气整顿再战，尼米兹没有急于处理那些渎职者，也没有过多责备那些情绪低落的失败主义者，而是告诉他们"要眼睛向前看，不要向后看"，并制定了"积极防御，主动出击"的作战方针。在当时情况下，美国海军要以劣势兵力遏制日本人在太平洋的进一步扩张非常困难，但尼米兹认为，只有主动出击，才可能逐步取得局部的战术性胜利，积小胜为大胜，扭转被动形势，重振美军士气。根据这一战略指导思想，尼米兹开始策划、组织、指挥一系列的军事行动。

1942 年 1 月，尼米兹毅然决定，由两艘航空母舰组成联合编队，向日军控制的马绍尔群岛和吉尔伯特群岛发动一次闪电式的突袭。结果，突袭成功，一举炸毁日军 2 艘潜艇、1 艘运输船、8 艘小型船只，并炸毁了岸上的部分设施。这是"美国海军在第二次世界大战中的第一次得分"。消息传来，美军士气为之一振。

接着，尼米兹又于 2 月上旬开始筹划对日本首都东京的空袭。当时，实行这一计划困难很多，美国任何一个军事基地离东京都太远，而在距离日本本土 500 英里的海面上就有日军巡逻舰严密监视着。因此，要完成这一任务只能运用航空母舰，而且必须要在距离日本 550 英里处开始行动，而如果航空母舰过于靠近日本机场又十分危险。陆军建议使用 B-25 型远程中型轰炸机，詹姆斯·H·杜立特中校训练了从航空母舰甲板上起飞的 16 名机组人员。经过审慎研究，决定用航空母舰把轰炸机运至日本以东 500 英里的区域。飞机空袭东京和其他日本城市后，到中国沿海机场降落。从航空母舰上起飞重型陆基飞机，这无疑是一个大胆而机智的决定。

这次空袭直接战果虽然并非很大，但却产生了巨大的影响。在日本，亿万民众目瞪口呆，日本天皇深感惊恐，山木大将再三请罪。在美国，朝野上下深受鼓舞，广大官兵士气更盛，悲观情绪烟消云散。为了防止袭击事件再次发生，日本陆军统帅部立即削减了前线航空兵的力量，把大批的战斗机群紧急调回国内保卫本土岛屿；侵华远征军还派遣了一支由 53 个营组成的讨伐队专门去扫荡美国轰炸机降落的浙江省和江苏省。

破获密码　掌握主动

东京被炸之后，日本海军总部及太平洋战区指挥部更感惶恐，立即采取对策，决定首先夺取新几内亚的重要港口莫尔兹比港以及中所罗门群岛的美军基地图拉吉岛，以便扩大“外防御圈”，抢先制止美军的再次空袭。为此，日军于 4 月底派出了一支由航空母舰等兵力直接护航的登陆大军，从特鲁克出发，直奔珊瑚海。

鉴于珍珠港事件的教训，尼米兹大力加强太平洋舰队情报机构的建设。情报机构设法从被击毁的日本潜艇中找出日本海军密码本，致使日本海军的电文得以破译。尼米兹和他的参谋部根据夏威夷情报站罗彻福特少校提供的情报分析，做出了正确判断：日军为控制新几内亚东部，可能要夺取澳大利亚珊瑚海的亚尾部，而且还要到达日本在蜡包尔的基地。

由于密码的破译，尼米兹更确信了日军的进攻目标。然而，尼米兹所掌握的兵力却很有限：曾被日本潜艇击伤的航空母舰“萨拉托加”号正在修理；“企业”号和“大黄蜂”号航空母舰袭击东京后正在返航途中，能马上使用的只有“约克敦”号和“列克星敦”号两艘航空母舰。为了组成一支能与日军对抗的特混编队，尼米兹不得不从新喀多尼亚和澳大利亚紧急抽调了 8 艘巡洋舰和 11 艘驱逐舰，与 2 艘航空母舰组成一支特混舰队，由弗莱彻指挥星夜赶往珊瑚海。

此次战役从战果上看，美国的直接损失较日本要大些，但从战略上分析，美国则获得了有利的地位。尼米兹不仅使日军取消了对莫尔兹比港的进攻，而且可凭借技术优势及时修复受伤的"约克敦"号，使之能投入下一阶段的战斗。而参加珊瑚海海战的2艘日本航空母舰却难以及时恢复战斗力，其中受伤的一艘至少需要修理1个月，未受伤的另一艘也将因为舰载机飞行员严重减员而不能投入中途岛战役。这样，在以后的中途岛战役中，日方的航空母舰部队将减少三分之一的兵力，这对双方力量对比产生了重要的影响。

在强敌面前，尼米兹采取"打了就跑"，以小胜为主的战术，既达到了激励士气的目的，也打乱了山本五十六的如意算盘。曾经就读于美国哈佛大学、多年出任日本驻华盛顿海军武官的山本，深知美国有着巨大的生产力和军事潜力。因此，他在策划偷袭珍珠港时就已拟定必须在美国经济纳入战争轨道之前，即彻底摧毁美国太平洋舰队，迅速结束这场战争。而山本的这一战略意图，却被尼米兹推迟了。

在珊瑚海战斗爆发之前，尼米兹在公务繁忙之际，仍然抽出时间飞赴中途岛进行了视察。在研究了太平洋战略形势之后，尼米兹敏锐地感到，日本在太平洋发动的攻势迟早要指向位于太平洋中部的中途岛。值得庆幸的是，自开战以来，美国情报部门已破译了日军的"紫色密码"，这就为尼米兹判断日军的动向、制定正确的军事行动计划创造了有利条件。

尼米兹很重视侦破敌方的密码，通过侦破敌方的密码来了解对手的真实作战意图和行动。因此，他专门成立了由约瑟夫·J·小罗奇福特负责的破译小组。在珍珠港，小罗奇福特从日军的一系列密码电报中，发现"AF"两个字母最引人注目，因为两个月前水上飞机袭击珍珠港的日方在电报中就曾提到"AF"。据推断，"AF"只能是指中途岛。为了进一步证实这一推断的准确性，中途岛上的美国海军受命制造假情报，就是使用容易破译的英语密码拍发一份作为诱饵的无线电报，报告该岛淡水设备发生了故障。不久，美军截获一份日军密电，密电中说"AF"很可能缺少淡水，这就使得尼米兹进一步确认了"AF"是指中途岛。破获了日军的密码，了解了日本的动向，可以说美国就更好地掌握了主动权。

转守为攻　打开敌门

整个太平洋海战期间，作为美日两国海上舰队最高指挥官，尼米兹和山本五十六在指挥风格上有很大不同。山本五十六不仅亲自制订军事行动计划，而且还把他的司令部设在日本、也是世界上最大的战列舰"大和"号上，并经常率战舰参加重大的军事行动。相反，尼米兹却把他的司令部始终设在瓦胡岛上，只是到了战争末期，随着战局的进展，才把司令部迁到关岛。此外，尼米兹也从未亲率舰队出海征战。

尼米兹作为太平洋舰队总司令，为了进行战略规划，需要同华盛顿参谋长联席会议保持联系，需要同担任西南太平洋战区司令的年老资深、目中无人的麦克阿瑟将军保持协调，需要最及时的情报和便利的通讯中心。而要满足这些"需要"，把司令部设在瓦胡岛无疑是一个最佳选择。

在太平洋战争期间，美国的海军战略规划主要是尼米兹和美国舰队总司令欧内斯特·金一起制订的。他们通过每天多次的电报往来、写信和派人保持经常联系，相互交换意见，并定期在旧金山会晤。一旦做出决定，便通过参谋长联席会议批准下达。

尼米兹通常在他的司令部主持作战计划会议，他总是先听取别人的意见，仔细权衡利弊，然后再做出最后决定。他还在自己的办公桌玻璃上压着几张军事卡片，其中一张写道："作战目标，进攻战，突然袭击，接敌点要有优势兵力，简要，安全，运动，节省力量，协同配合。"正是遵循这些作战原则，尼米兹制定了一次又一次军事行动计划，然后交由手下那些值得信赖的将军们去执行，从而不断把战争引向胜利。

1945年8月，美国在日本投掷了2颗原子弹，以谋求加快结束对日战争。尼米兹事先知道这一计划，并负责选定在原子弹轰炸机飞行员被迫跳伞或飞机迫降时进行援救的措施。

8月15日，日本正式宣布向盟国投降。尼米兹的情报官莱顿上校在收到电报后，立即向尼米兹做了汇报。

9月2日上午，尼米兹在美国"密苏里"号战列舰上，代表美国同时也代表美国海军在日本投降书上签下了自己的名字。可以说，这是对他在太平洋战争期间所做出的杰出贡献给予的最高奖赏。

为了表彰和纪念这位战功卓著的名将，美国政府把1945年10月5日宣布为"尼米兹日"，美国海军现在的特大型核动力航空母舰也被命名为"尼米兹"号。

第二节　"热血豪胆"将军
——巴顿

人物简历：

小乔治·史密斯·巴顿，美国陆军上将，以在第二次世界大战欧洲战场先后指挥美国陆军第7集团军和第3集团军而闻名。

享誉世界的战争传奇

第二次世界大战使许多美国将军声名显赫，巴顿将军是最引人注目的一位，他的名声主要来自于他作为战争指挥官的技巧和决策。

巴顿出生在美国加利福尼亚州的一个军人世家，曾祖父是美国独立战争时期的一位准将，祖父和父亲都毕业于弗吉尼亚军事学院。巴顿19 岁进入西点军校。从步入军界起，他就把杰克逊的一句名言作为自己的座右铭："不让恐惧左右自己。"他认为这是军人能够勇猛无畏的根本因素。

巴顿的英勇善战闻名世界，他在战斗中勇猛而残酷无情，善于用他那极富特性的粗俗语言激发士兵的斗志，屡建奇功，威震敌胆。他曾说："赢得战争靠两样东西，那就是胆量与鲜血。"因而又被誉为"血胆将军"。他在领导坦克兵团训练时十分严酷，士兵和军官每天从天亮到天黑，都要完成一套固定的训练计划，晚上则听军官训话。巴顿向军官传达的信息是"前进，再前进"，那些参加过训练的人给坦克兵团起了一个绰号"自杀俱乐部"。巴顿极为自信，从来不掩饰自己的观点。

> 有一次，巴顿在营地巡视时，看到军官帐篷旁的一道道壕沟，便大为不悦，他不希望高级将领跳进壕沟躲避德国飞机轰炸。巴顿问陪同的艾伦："哪一个是你的？"然后走过去，给里面撒了一泡尿，说："现在你来用吧。"

诺曼底登陆战役开始后，巴顿的部队于 7 月集结在柯腾丁半岛上。巴顿的任务本身是向西攻占布列塔尼地区，但是，他的进攻精神和运动战速度终于把局部的突破变成了全面运动战，迫使德军全面撤退。像秋风扫落叶一样挺进塞纳河，堵住了残余德军的退路。随后再度进攻，突破齐格菲防线，抢渡莱茵河，长驱直入德境。此后，德军全面崩溃。巴顿终于抢在蒙哥马利的前头，为美国人及其军队赢得了战场上的荣誉。

巴顿的性格中有暴躁冲动的一面，被称为"美军中的匪徒"，这给他的一生带来不少麻烦。他嗜杀成性的指令导致了五次屠杀事件发生，一卡车德军战俘下车时遭到重机枪扫射几乎全被杀死，另一批 60 名意大利战俘以同样的方式被射杀。巴顿在美军医院里发现未受伤的士兵（其实患有炮弹休克症）而大发雷霆，于是动手打了这名士兵的耳光，并扬言要枪毙他。此事引起了一场轩然大波，巴顿被艾森豪威尔将军责令做出公开道歉。巴顿的暴躁性格对自己的前程造成了无可挽回的损害，险些断送他的高级指挥官生涯。

毫不夸张地说，巴顿是一位充满传奇色彩的人物，他一生呈现出鲜明的个人性格特点，引起世人不同评论，很多人认为他是"一位统率大军的天才和最具进攻精神的先锋官"和"二十世纪的拿破仑"；但也有人认为他"勇猛有余，智谋不足"、"骄傲自大，华而不实"。

军事学者指出："作为统帅人物，巴顿将军的最大特点就是以他自己的尚武精神去激励部下，用他的个性去影响部下在战场上奋勇向前。"巴顿将军作战勇猛顽强，指挥果断，富于进攻精神，善于发挥装甲兵优势实施快速机动和远距离奔袭，被部下称为"血胆老将"。

艾森豪威尔给巴顿下结论说，他有一种"非凡而又残酷的推动力"。英国亚历山大元帅评论说："巴顿是一个推进器，随时准备去冒险，他应该生活在拿破仑战争年代——他会成为拿破仑手下一位杰出的元帅。"德军的布卢特里特将军写道："我们对巴顿将军的评价极高，认为他是盟军中最敢作敢为的'装甲兵将军'，一个具有令人难以置信的创造性和雷厉风行的人。他和我们自己的'装甲兵将军'古德里安很相似。大概是由于他最接近于我们对古典军事统帅的概念，因而他的作战指挥给我们的印象尤其深刻。他甚至进一步提高了拿破仑的基本教义——兵贵神速。"赫尔曼·巴尔克将军坦率地总结道："巴顿将军是第二次世界大战中杰出的战术天才，我至今仍将曾与他对抗看作是一种莫大的荣幸和难忘的经历。"

军中第一击剑高手

美国陆军四星上将乔治·巴顿号称"铁胆将军"。粗鲁、野蛮是他在战争中留给后人的印象，潘兴元帅甚至把他叫作"美军中的匪徒"。

但如果仅凭这一点就认为他是个只懂打仗的武夫就大错特错了。

巴顿将军投注在军事领域的用心是全方位的，其中不乏智慧和深思熟虑的结晶，"巴顿剑"的成功就是一例。美国人善于使斧，早期的骑兵更习惯挥舞马刀砍杀。训练时，骑兵们乘坐在马背上，像使用球棒一样疯狂地舞动手里的骑兵弯刀。年轻的巴顿把这一切看在眼里，不禁在心里开始了思量。那时的巴顿曾经在第 5 届奥运会军事五项比赛中获得过击剑的第 3 名，号称"军中第一击剑高手"，并获得过"剑术大师"的荣誉称号。

在参加完奥运会后，巴顿到法国索米尔军事学校学习击剑课。在那里，他发现法国骑兵使用马刀的方法远远超过美国骑兵，原因很简单：法国人是用刀尖去刺杀，而美国人则是用刀刃去砍杀。与砍杀相比，刺杀能更快地接近敌人，作战效率更高。怀揣改进骑兵军刀的想法，巴顿调到了弗吉尼亚的迈尔堡。这是一个骑兵驻地，有军队里最优秀的骑手，有美国出身最好的军官，他们熟悉华盛顿的每一位要人。

在这个"离上帝最近"的地方，血气方刚的巴顿决定大干一番，改进骑兵军刀就是他的"敲门砖"。"以法国式的直剑取代美军盛行的弯刀"，巴顿把自己的想法明白无误地写在文章里，并把文章交给迈尔堡骑兵团团长格拉德上校。上校是位老骑兵，当然看出了巴顿的主张有多么重要，他建议巴顿再增添一些内容，然后把文章投寄给《骑兵月刊》。

受到鼓舞的巴顿没有听从团长的建议，他把目光投向了更高级别的军事刊物。他知道，小小的《骑兵月刊》不足以引起军界高层的注意。他在给未婚妻的信中写道："我希望这篇文章引起轰动，我相信一定会的。"

果然，1913 年 1 月，颇有影响的《陆海军杂志》刊登了巴顿的文章，并立即引起军界的关注。"我想我要出名了！"巴顿心里异常兴奋。几个月后，陆军参谋长伍德将军命令按照巴顿设计的样式和规格打造两万把新军刀。这种新型骑兵军刀是直线型设计，刀有 940 毫米长，刀身的宽度为 25.7 毫米，刀刃非常长，是一种理想的击刺武器，能够完美地用于刺杀。巴顿的钻研和思考结出了果实。

新军刀选在斯普林菲尔德的工厂铸造。为保证军刀的生产质量，巴顿被专门派去负责检查验收。美国军械部次长也对巴顿设计的新军刀很满意。他说："巴顿作为一位击剑手的技巧和经验，对于军械部价值无限。"新军刀还需要新的训练教程，春风得意的巴顿开始编写《军刀教员讲义》。

1914年3月，《军刀训练》一书由陆军部批准出版。巴顿在书里进一步强化了他附着在新军刀中的"刀尖"精神："要记住刀尖是压倒一切的重点，富有活力、勇于进取的勇士要像刀尖一样，在进攻中刺穿敌人的身体……"批量生产的新型骑兵军刀在骑兵部队中广泛使用，并以"巴顿剑"闻名天下。

1916年3月，巴顿调任布利斯堡骑兵团时，高兴地看到团队使用的军刀全是自己设计的"巴顿剑"。这一发现让他激动得热泪盈眶。但凌厉的枪弹使骑兵的军刀失去了用武之地，"巴顿剑"更多地成了骑兵们的标志性装备，很少在实战中使用。巴顿成名后，更没有机会和胆量拿他的"巴顿剑"去和纳粹们单挑。

参加奥运会

奥运与军事有什么关系？马拉松便是由于战争而诞生，而战争史上著名的巴顿将军也出身奥运。

在国际奥委会的创始人中，有一位瑞典将军，维克多·古斯塔夫·巴尔克，从国际奥委会成立时起，他就希望能在瑞典举办奥运会。1909年德国柏林宣布放弃1912年奥运会的主办权，巴尔克抓住机会，将奥运会带到了瑞典首都斯德哥尔摩，并由他本人担任组委会主席。

这届由一名将军操办的奥运会成就了另一名职业军人，30年后，他率领的美国装甲军团横扫欧洲，他就是美国四星上将乔治·巴顿。

在斯德哥尔摩奥运会上，由射击、游泳、击剑、马术和越野跑五个项目组成现代五项，经顾拜旦大力倡导首次进入奥运赛场。它是一个军事训练综合项目，能培养军人勇敢顽强的品质，因此参赛者多属军人。当时还是上尉的巴顿从旁人那里得知消息后，便决定自费去瑞典参加比赛。自视为现代武士的巴顿认为这是挑战体能和毅力的绝好机会。有43 名勇士参加了这场引人注目的比赛，其中有包括巴顿在内的 3 名美军正规军官，比赛结束后，前四名都被瑞典选手夺走，巴顿夺得第五名。游泳项他游完 300 米时，是被人用船钩从池子里捞上来的，因为他根本就没有任何力气了；跑完 4000 米越野赛全程后，他精疲力竭而晕倒在终点前的皇家观礼台下——他这个第五名给许多人留下了难以磨灭的印象。

正是由于他在奥运赛场上不屈的表现，打动了当时的另一位美国将军潘兴。在他眼里，一个标准的军官首先应该是一个标准的斗士，而参加过奥运会军事全能比赛的乔治·巴顿无疑具备他所要求的品质。巴顿被他招入侵略墨西哥的部队，迈出了军界的重要一步。

第二次世界大战刚刚结束，美国报纸将巴顿在战争中指挥才能大肆渲染，巴顿却向记者们表示："参加奥运会是我一生的骄傲和荣誉。当时游完 300 米上岸后，我休克了。醒来后，我告诫自己一定要拼下最后一项 4000 米越野赛。记者先生，你可能体会不到一个人休克后醒来再跑 4000 米的滋味，但我体会到了。我不但跑完全程，还得了这个项目的第五名，这才是我一生的骄傲、一生的荣誉。"

第三节 功过参半的将军
——麦克阿瑟

人物简历：

道格拉斯·麦克阿瑟，美国著名军事家，五星上将军衔。第二次世界大战时期历任美国远东军司令，西南太平洋战区盟军司令；战后出任驻日盟军最高司令和"联合国军"总司令等职。他因在菲律宾战役中的表现获得荣誉勋章，他和父亲小阿瑟·麦克阿瑟是历史上第一对同时获得荣誉勋章的父子。

狼一般性格的人

有人曾经这样评价说，麦克阿瑟是一个具有狼一般性格的人——在战争中，他打的胜仗如同狼的捕获量一样多；尽管他曾经打过败仗，然而，他却把失败的捕猎当作磨炼自己技能、增添对成功渴望的手段。有人说他是一名笑对失败、超然前进的将军，他忠于自己的国家，但反对这个国家的总统杜鲁门。

在战场上，麦克阿瑟非常勇敢，且自身带着一种狼的野性——在众多次战役中，死神曾数次光顾麦克阿瑟，子弹曾从他头上的帽子穿过，子弹曾把他的衣服打烂，也曾从他衣袖穿过。但是，比戏剧性还要戏剧，子弹从来没有击中过麦克阿瑟。麦克阿瑟在第一次世界大战时被士兵称能够"防弹"。麦克阿瑟曾经说过，他从不相信子弹能真正打中他。

1903 年 11 月，他在吉马里斯岛工作时曾遭到两名起义者的伏击。其中一人用步枪向他射击，子弹从麦克阿瑟头上的军帽顶部穿过。他还没来得及打第二枪，麦克阿瑟就拔出左轮手枪将他们两人都击毙了。工地的工头是一名陆军军士，他冲到现场，看了看两具尸体，又瞟了一眼麦克阿瑟帽子上的洞，敬了个礼并用浓重的爱尔兰口音说："请少尉原谅，不过您今后将一生平安！"

麦克阿瑟和他的墨西哥助手们在一个浓雾迷漫的夜里到了阿尔瓦拉多，在那儿发现了 3 台大功率机车。有 5 名武装人员上来与他们搭讪。经过短暂的交火，麦克阿瑟和他的伙伴们开着 3 辆机车成功逃走了。然而在途中，麦克阿瑟乘坐的手泵车遭到 15 名游击骑兵的袭击。一场激烈的枪战后，他杀出了一条血路，3 发子弹穿过他的衣服，但他却未受伤。当他接近美军阵地时，发生了又一次交火，麦克阿瑟这一小群人又一次取得了胜利。他的衣服中了一弹，可他仍旧毫发无损。麦克阿瑟坐泵车在前面开路，3 位墨西哥人驾着 3 辆大型机车紧跟其后，安全回到了韦拉克鲁斯。

麦克阿瑟到过墨西哥人防线的后方并带回了 3 辆机车却是毫无疑问的。这件事本身就令人惊奇。

没有证据表明第 42 师的士兵怀疑过麦克阿瑟的勇气或质疑过他的勋章。他在战场上从未显露过恐惧。

一次，他的司机带着他乘司令部的车到前线去，途中遭到德军机枪的袭击。虽然汽车报废了，他和司机却完好无损。

麦克阿瑟脸上抹着泥巴，谢绝了别人递给他的一把战壕刀，一只手拿着一根轻便手杖，另一手拿着一把铁丝网锉，命令一下达，他就和法国人一起跳出了战壕。袭击组在无人区的泥地上蜿蜒前进，剪开德军的铁丝网。德军的曳光弹一次次射入夜空，嗞嗞作响，一边降落，一边发出团团化学火焰，冷冷的白光照在无人地带，袭击队员们被迫匍匐不动——动则死。在曳光弹熄灭的间隙中，在手榴弹的爆炸声、机枪刺耳的嗒嗒声和炮火震耳欲聋的轰鸣声中，袭击组冲进了德军的战壕，扔一颗手榴弹，等它爆炸后，再跳进敌人的位置。

士兵们在黑暗中挣扎呻吟，在徒手搏斗中相互厮杀，用手枪顶着对方的头或肋骨，并且必须在一瞬间做出决定：杀还是抓他做俘虏。一名德军上校冲出掩体，麦克阿瑟从后面用轻便手杖顶住他，德国人马上举起了双手。

在近战中，1小时就像1分钟。对麦克阿瑟来说，袭击好像刚一开始就结束了。袭击队员们爬回他们的防线，带回最好的猎获物——俘虏，包括一名德军上校。奥格登在他的日记中写道："双方的炮战打了整整一个下午。155毫米口径炮射向敌人，75毫米炮打过来，飞机疯了似的在天上转。将军回来吃晚饭时告诉我向前推进了一点……麦克阿瑟直到午夜才回来。带着年轻人生机勃勃的疯狂劲，他穿过炮群，通过了步兵攻击梯队的前沿。他前进了大约25英里，又步行回到了司令部。我们吓得要死，害怕他会出事。他早餐时走进来，把一顶德国钢盔放在桌子中间，那是他从一名俘虏那儿得到的。"

巴顿写信给他的妻子说："我正好行进在一个旅的阵地上。他们都卧倒在弹坑里，但麦克阿瑟将军没有，他站在一个小高地上……我走过去，一阵炮火向我们袭来……我想两个人都想离开但又不肯开口，于是我们就等着炮火向我们扑来。"当一发炮弹在他们身边爆炸，尘土扑面而来时，巴顿直直地站着，但向后退了一步。"别害怕，上校，"麦克阿瑟幽默地说，"你是听不到打中你的那发炮弹的。"这一天麦克阿瑟在战场上的表现使他赢得了第5枚银星勋章和巴顿永久的尊敬。他告诉他的家人说，麦克阿瑟是"我见过的最勇敢的人"。

麦克阿瑟暂时回到他的指挥所，发现两名记者在等他。其中一名发现麦克阿瑟毛衣的左衣袖上有个洞，是机枪子弹刚打的。"什么时候准将也要冲锋陷阵了？"他问。麦克阿瑟笑得有些尴尬，"呃，有时候就是将军也得上阵。"他答道。

麦克阿瑟回到前线，集合队伍，再次率领他们向288高地冲击。那天，第84旅共向高地发起了5次正面冲击，但都失败了。在夏提隆高地上有230个机枪火力点，大多数都在坚固的掩体内，要想前进而不被打中几乎是不可能的。每次冲击被打退，麦克阿瑟就召集手下，鼓舞士气，率领他们再次向山上冲击。他周围倒下了很多人，受伤的、垂死的和已经死去的，但他只是被那颗穿过他左衣袖的机枪子弹轻微擦伤，除此之外，他在如此激烈的战斗中居然毫无损伤。一些彩虹师的官兵说，他能"防弹"。

麦克阿瑟勇敢、机智，在战场上他把自己的"狼性"展露无遗，同时他的战绩和他的性格一样离奇。

一生的传奇经历

1899年，麦克阿瑟考入美国陆军军官学校（西点军校）。在校期间他既刻苦攻读，又注重体育锻炼。4年之后以98.43分的成绩毕业，创下西点军校的毕业分数记录（此记录至今无人打破），破格晋升上尉，后赴菲律宾任美军第3工兵营上尉。

1905年，麦克阿瑟追随其父从事情报工作；1906年，成为美国陆军工兵学校学员，兼任西奥多·罗斯福总统的军事副官；1908年，调任工兵营连长，因训练有方而晋升为营部副官，稍后成为骑兵学校教官；1911 年晋升为上尉，次年调入陆军参谋部任职；1915 年晋升为少校；1916 年，调任陆军部长贝克的副官，负责与新闻界的联络事务。

1917 年，美国参加第一次世界大战后，从各州国民警卫队抽调人员组成第 42 步兵师。麦克阿瑟出任第 42 步兵师参谋长，晋升为上校，赴法国参加世界大战。他声称该师人员来自美国各地，犹如跨越长空的彩虹，故该师亦称"彩虹师"。1918 年，因作战勇敢和指挥有方，数次获得勋章并升任第 84 旅准将旅长。同年 11 月，在大战结束之后担任彩虹师代师长。战争时期，他与远征军总司令部人员结有怨恨。

1919 年 6 月，39 岁的麦克阿瑟被任命为西点军校校长，并且是这所学校自创校以来最年轻的校长。他时刻把"责任—荣誉—国家"作为治校的座右铭。学校体育馆的上方，放着一块匾，上面镌刻着他的一句话："今天，在友好场地上播撒下的种子，明天，一定会在战场上收获胜利的果实！"

1922 年 2 月，与路易丝·布鲁克斯结婚，但因妻子威胁到麦克阿瑟钟爱的军事事业，所以他毅然离婚。年底赴菲律宾任马尼拉军区司令。

1925 年，麦克阿瑟晋升为少将，先后在亚特兰大和巴尔的摩任军长。同年，麦克阿瑟在米切尔准将（主张建立独立的空军）案件中奉命担任审判官，以致后来不得不在回忆录中为自己辩解。

麦克阿瑟于 1927 年秋出任美国奥林匹克委员会主席，率美国代表队参加 1928 年在阿姆斯特丹举行的奥林匹克运动会并获得冠军。陆军参谋长为此致电祝贺："你不仅获得了美国人决不撤退的美誉，而且获得了美国人深知如何获胜的光荣。"此后，麦克阿瑟调任驻菲律宾美军司令。

1930 年 8 月，麦克阿瑟收到陆军部长来电，得知胡佛总统决定让他出任陆军参谋长。麦克阿瑟考虑到当时处于世界经济危机之际，和平主义思潮高涨，军费开支必将缩减，唯恐出力不讨好，遂有推辞之意。其母则力劝他接受该职，声称"如果你表现出怯懦，你父亲在九泉之下也会为此感到羞耻。"

　　1930年11月，麦克阿瑟接受陆军四星上将的临时军衔，宣誓就任美国陆军参谋长。任内用机械化装备代替马匹，提高了部队的机动能力和速度，制定战争总动员计划；为诸兵种建立统一的采购制度以减少浪费，建立航空队司令部以提高地空部队的协调效率；反对国会因经济原因而欲裁减陆军机构的企图；反对削减军官队伍，声称"一支陆军可以缺乏口粮，可以衣住简陋，甚至可以装备破旧，但如缺少训练有素及指挥有方的军官，则在战时注定会被歼灭。胜利与失败的不同，全在于有无干练而有效率的军官队伍"；每年均成功地阻止削减陆军员额的议案，并为陆军的战备辩护。需要特别指出的是，作为陆军参谋长的麦克阿瑟于1932年不惜亲自披挂出马，镇压华盛顿的美国退伍军人"退伍金进军"。1933年罗斯福出任总统之后，麦克阿瑟继续担任陆军参谋长。

　　纵观麦克阿瑟的一生，他的确取得过最辉煌的成就，赢得过最耀眼的荣誉。这些荣誉他当之无愧，但也不可避免地使他本来优良的品质渐渐溶进狂妄自大、唯我独尊、好出风头、爱慕虚荣、喜欢颂扬的毛病。这些毛病带给他倔强个性，又常常使他的一些计划和设想得以强行通过并获得极大成功，这反过来更使他坚信自己的判断力和正确性，更加重了那些毛病，以致最后发展到公然抗上的地步。也许这也不能完全怪他，因为西点的校训是"任何时候都要坚持原则！"

第四节 英国皇家海军之魂
——霍雷肖·纳尔逊

人物简历：

霍雷肖·纳尔逊，第一代纳尔逊子爵，英国 18 世纪末及 19 世纪初的著名海军将领及军事家。在 1798 年尼罗河战役及 1801 年哥本哈根战役等重大战役中带领皇家海军胜出。他在 1805 年的特拉法加战役击溃法国及西班牙组成的联合舰队，但自己在战事进行期间中弹阵亡。2002 年，BBC 举行了一个名为"最伟大的 100 名英国人"的调查，结果纳尔逊位列第 9。

"英国皇家海军之魂"

1770 年秋天，福克兰危机爆发，皇家海军受命动员防范与西班牙爆发海战。纳尔逊任职海军的舅父、海军上校莫里斯·索克令遂获奉命指挥停泊于查塔姆港，拥有 64 门炮的三等战舰 HMS 合理号，以准备随时奉召出征。从小便希望出海的纳尔逊于是趁此机会加入皇家海军，1771 年 1 月 1 日，年仅 12 岁的他正式以普通海员及艇长身份到舅父麾下的合理号服役，登舰后不久又获任海军候补少尉，接受正式训练。这也是他正式投身海军的开端。

1797 年 2 月 14 日的圣文森特角海战让纳尔逊一举成名。那天，英国海军地中海舰队的 15 艘战舰同西班牙舰队的 27 艘战舰在大西洋圣文森特角遭遇，展开激战。战斗中，作为分队指挥官的纳尔逊违抗了舰队司令的命令，脱离队形冲向西班牙舰队，拦住其去路。在炮击西班牙战舰后，他亲自率水手登上敌舰展开肉搏。纳尔逊的行动对英国舰队取得圣文森特角海战的胜利起到了关键作用，他因此被晋升为海军少将，并荣获勋爵封号。

可以说，霍雷肖·纳尔逊将他的一生都献给了大海，献给了祖国。经过上百场战争的洗礼，他逐渐摸索出一套全新的海上作战的模式：

> 有一次，纳尔逊过生日，他把所有舰长们都召集到"胜利"号华丽的军官舱中。在觥筹交错之际，他向部下们谈到自己考虑已久的新战术。

> 纳尔逊介绍道：把全部舰队分成二队，一队插入敌人舰队的中央和前卫之间，攻击敌人中央，让它吸引住敌人的大部分火力；另外一支舰队则狠狠给敌人后卫以歼灭性的打击。这个新战术非常冒险，因为穿插纵队中每一艘军舰切入敌阵时都会受到包围歼灭的威胁，所以成功的关键在于发扬皇家海军勇猛攻击的传统精神。新战术用纵列穿插打破了双方排成横列，互相用一侧的舷炮射击的旧传统，充分发挥了单舰使用两舷火炮同时射击的优越性。所以，纳尔逊一提出来，大家都极为振奋。舰长们接受了"纳尔逊秘诀"，他们同声说："只要我们抓住他们，就一定会成功！"

后来，纳尔逊一直都在地中海一带活动，尤其是在 1789 年法国大革命爆发后，欧洲局势日益不稳，他被委以重任，当法国向英国宣战之后，纳尔逊继续他在海洋上保卫英国的责任，并且成功地指挥军队取得了"圣文生战役"的胜利。

尽管这场战役的胜出应归功于整体团队合作无间，不过值得一提的是，纳尔逊在战事中当机立断，配合总司令的谋略，离队往敌军直冲，身先士卒，先后登上两艘未投降的敌舰进行近身肉搏，实属英国史无前例。纳尔逊在战事的贡献对英军胜出产生一定影响，其表现更给众人留下深刻印象。艾略特爵士全程在另一艘巡防舰上目睹了纳尔逊整个作战过程，而其部将陆军上校约翰·德林沃特事后更被派往访问纳尔逊，对战事过程作详细记录；另一方面，纳尔逊自己也对圣文生战役的作战过程加以笔录，并寄给身在英国的故友洛克尔上校。这些著述很快就在英国相继出版，经传媒大肆报道后，引起社会极大回响。一时之间，纳尔逊成了全国上下热烈追捧的英雄人物，深受国民爱戴。查维斯一行人凯旋返国后，随即获得英廷封赏，其中总司令查维斯获封世袭伯爵，成为圣文生伯爵，不少将领也因军功获封世袭从男爵。纳尔逊曾经公开表示希望获勋从男爵，由于他膝下犹虚，加上从男爵爵位并不附带星章和绶带，他再获勋 KB 勋衔。

海上的独臂侠

自"圣文生战役"之后，西班牙舰队撤退，圣文生伯爵立刻拟定计划封锁加的斯，迫使西班牙舰队出海。为加大封锁力度，他又特命驻防近岸的纳尔逊率舰在加的斯口岸处驻扎。然而，1797 年 5 月、6 月，皇家海军位于英国斯皮特黑德及诺尔的舰队发生叛变，一度使本土海域的海军陷于瘫痪。事变平息后，由于圣文生的地中海舰队军纪严明，士气高昂，因此不少未受影响的舰只随即被调往其麾下服役。其中一艘叫 HMS 忒修斯号的战舰加入时，军纪尤其弛废，该舰舰长即被撤换，改由纳尔逊任该舰指挥。

纳尔逊就任时，只带他的旗舰舰长拉尔夫·维莱特·米勒及数名随员，但不出两星期，纳尔逊等即赢得舰上军心，士气大振，使军纪恢复。尽管如此，不少新近调来的舰只军心仍然不稳，对整支舰队构成不稳定因素。7 月 3 日至 7 月 4 日的晚上，圣文生派出一艘炮舰，在几艘小船护卫下炮轰加的斯，但在数天以前的一次同类型军事行动中，就发生过小舰拒绝服从命令，驶近西班牙的炮艇，所以在这次行动中，纳尔逊亲自乘坐一艘驳船带领炮舰前进，而且在与敌军进行近身血斗期间，他两度险遭敌军以短弯刀劈头，但都被一位名叫约翰·西克斯的艇长营救，伸出手臂为他挡了两刀，才得以逃过大难。事后纳尔逊传令褒扬西克斯的英勇行为，而且将他擢升，一时使军心为之一振。

此后，英军又对加的斯做出两次轰炸，但战况未有多大进展，圣文生及纳尔逊遂转移视线到其他军事行动。当时英军接报，有一艘载满财宝的西班牙商船正停靠于加那利群岛的圣克鲁斯·德特内里费，于是立即拟定计划，试图俘虏船上财宝及船员，以大挫西班牙的士气，而任务则落入纳尔逊手中。

7月22日，纳尔逊两度率兵试图登陆圣克鲁斯，可是不但行动失败，而且还使敌方有所警觉，加强防范。随即，有变节者向纳尔逊提供线报，表示时机已经成熟，纳尔逊遂第三度出击。这次纳尔逊计划直接在黑夜进攻圣克鲁斯，以求以迅雷不及掩耳的形势拖垮敌军布防。虽然加那利群岛总督安东尼奥·古铁雷斯将军手下只有大约800名士兵，市内民兵也不持械，不过英军却低估了敌方的实力。纳尔逊当晚派1000人登陆圣克鲁斯的防波堤，但出人意料的是，防波堤上的100名守军训练有素，再加上水流湍急，使英军难以登岸，最后只有纳尔逊等一小部分人成功登陆。纳尔逊甫上岸，即被敌人伤及右臂，结果被养子约书亚·尼斯贝上尉救上一艘小艇，然后再送返忒修斯号救治，最后他在舰上接受手术，切除右臂。虽然纳尔逊被救返忒修斯号，但他的部下海军上校托马斯·特罗布里奇及其他留在防波堤的英军却全数被俘，他们经谈判投降后，获准返回所属英舰。而落败的纳尔逊与古铁雷斯书信往来一番后，终在7月27日启程返回大本营。

身心俱疲的纳尔逊在战事回到英格兰休养，不过失去右臂的他仍然是民众心目中的英雄，他在圣克鲁斯的军事失误则被认为是其他人的过失。纳尔逊所到之处，无不受民众和其他战友热烈欢迎，使他很快就重新振作起来，但他失去右臂后余下的痛楚，却一直至同年11月拆去结扎线后才舒缓过来。纳尔逊当年在伦敦过冬及游览，继续受到热情款待，与此同时，他非常渴望重返前线服役，于是在 1798 年 4 月 10 日获准出发，前往加的斯海域与圣文生会合。

最后的战役

1805 年 9 月 21 日，欧洲世界还笼罩在英法大战的弥漫硝烟中。西班牙的斯湾以西的特拉法尔加海域，两支庞大的舰队逐渐接近。经过多天的追踪，英国地中海舰队终于盯上了死敌法国、西班牙联合舰队，英国舰队旗舰"胜利"号的尾楼甲板上，一位独臂将军一声令下，"英国希望各位尽忠职守"这句日后成为世界海军经典名言的旗语命令跃上桅杆，英国军舰排列为 2 路纵队，犹如两只铁拳同时击向成纵队的法、西联合舰队，数百艘大大小小的战舰在血与火的海洋上角逐厮杀。最终，英国人获得了辉煌的胜利，这场发生在 19 世纪初的空前规模海战，扫除了英国的海上威胁，仿佛是一声号角，宣告 19 世纪将成为英国的世纪，特拉法尔加一战奠定了日不落帝国的地位。

带领英国人赢得无上光荣的那位独臂将军，因为坚持站在甲板上鼓舞士气，不幸被对方狙击手击中，死在英国军舰庆祝海战胜利的礼炮声中。霍雷肖·纳尔逊从此成为尽人皆知的海上英雄，各国海军将领效仿的典范。为重酬这位战将，他的座舰"胜利"号被永久保留在皇家海军内，作为海上的丰碑。伦敦海德公园附近，专门建设了特拉法尔加广场。以独臂将军纳尔逊瘦弱形象铸成的铜雕，站立在广场中央高高矗立的基柱上，永久注视着他为之献出生命的土地。英国海军水兵的帽子上，从那一天之后，也多出了一条黑色的飘带，以示向这位出生于贫寒家庭，12 岁加入皇家海军，身经百战的将领致哀。

纳尔逊将星陨落后的 19 世纪，英国凭着强大的海军纵横四海，英国海军的制度、传统、舰船设计，深远地影响着全世界的海军，纳尔逊也成了世界的纳尔逊。不墨守成规，力争战场主动，不惜牺牲生命来换取胜利，纳尔逊精神几乎在所有国家的近代化海军中都成为经典教条。不仅如此，原本是英国海军为了哀悼纳尔逊的孝带——水兵帽上那条黑色的飘带，也漂洋过海，成了世界各国近现代海军的必备饰物。包括当年特拉法尔加海战的失败者，法国与西班牙的水兵帽子上也都出现了著名的黑色飘带。作为世界海军大家庭的后起之秀，中国创办近代化海军起步较晚，但从北洋海军到今天的人民海军，也一直沿用了这一海上传统。现代中国更少有人能够想象的是，这位白皮肤蓝眼睛的异国将领，其实还有一位流淌着炎黄血液的"后裔"，而且他的这位"后裔"还曾经是北洋海军的一位军官。

尽管失去了纳尔逊这位领袖，但英国皇家海军却一代代地传承着"纳尔逊精神"。1811 年 3 月 13 日，在里萨海战中，霍斯特上校率领一支 4 艘战舰的英国分遣舰队被数量两倍于己的法国、意大利联合舰队包围。危急关头，霍斯特在旗舰上打出旗语"记住纳尔逊"，让英舰士气大振，一鼓作气打垮了联合舰队。

在特拉法尔加之战后的 100 年，1905 年，崇拜纳尔逊的日本联合舰队司令东乡平八郎命令他的旗舰三笠号战列舰升起当年纳尔逊在特拉法尔加海战中曾经升起的 Z 字旗，指挥拥有 4 艘战列舰的舰队一举摧毁了拥有 7 艘战列舰的俄国太平洋第二舰队，这在当年的日本海军中曾传为佳话。

第五节　马背上的灵魂
——拿破仑

人物简历：

拿破仑·波拿巴，出生于法国的科西嘉岛，是一位世界著名的军事家、政治家。他是法兰西第一共和国执政官，法兰西第一帝国的缔造者，于 1804 年 11 月 6 日加冕称帝。

初露锋芒

拿破仑是一名出色的军事家，对当时的军事知识深有研究，善于将各种军事策略运用到实战之中，尤其是主张将火炮集中使用以及充分发挥骑兵的机动作用。1796 年 3 月 2 日，26 岁的拿破仑被任命为法兰西共和国意大利方面军总司令，3 月 9 日，跟情人约瑟芬·博阿尔内结婚，随后便匆匆奔赴前线。在意大利，拿破仑统率的军队多次击退了由奥地利帝国的维尔姆泽将军与萨丁、博利厄所组成的第一次反法同盟，最后迫使对方签订了有利于法兰西共和国的停战条约。

在意大利夺取胜利之后，拿破仑的威信也越来越高，使他成为法兰西共和国的人民英雄。而他的崛起却令巴黎督政府感觉受到了威胁，因此任命他为法兰西共和国阿拉伯、埃及、叙利亚、印度方面军（东方军）的总司令，并被派往中东，以抑制英国在该地区势力的扩张。在拿破仑的远征军中，除了 2000 门大炮之外，还带领了 175 名各行各业的学者，以及上百箱的书籍和研究设备。在远征途中，拿破仑曾下达过一条著名的指令："让驴子和学者走在队伍的中间。"拿破仑本人精通数学，同时还十分喜欢文学和宗教，受启蒙运动的影响很大。同时，拿破仑为人颇为好学，是法兰西科学院院士，他对数学很感兴趣，而且证明了"拿破仑三角形"，创造过一个"拿破仑定理"。

拿破仑于 1798 年远征埃及时遭遇到了挫折，虽然他指挥法军在陆地上夺取了全面胜利，但拿破仑的舰队被英国的海军上将纳尔逊完全摧毁，部队被困在埃及。拿破仑进军叙利亚也遭遇到了重重困难，法军还出现了瘟疫，最后在阿克尔城堡受阻，久攻不克，于 5 月 17 日返回埃及。拿破仑至死仍对没能攻克阿克尔城堡一事感到遗憾，他在圣赫勒拿岛的回忆录中说："如果阿克尔城堡早日陷落，当改变世界面目"，"东方的命运取决于那个小镇"。当 1799 年拿破仑回国之时，400 艘军舰只剩下了 2 艘，原定侵略印度的计划受阻，人员损失惨重。

拿破仑远征之时，欧洲的反法联盟已逐步形成，而法兰西共和国国内的保王党势力也在逐步增强。1799 年 8 月，拿破仑最终决定赶回巴黎。1799 年 10 月，回到了法国的拿破仑被当成"救星"来欢迎。11 月 9 日，拿破仑发动了雾月政变，并获得了成功，成为法兰西第一共和国执政官，实际为法兰西第一帝国独裁者。

拿破仑随后进行了多项军政、教育、司法、行政、立法、经济等方面的重大改革，其中最著名，直到今天依然还有深远影响的是颁布了《拿破仑法典》。这是在政变的当天晚上，由拿破仑下令起草、制定的，许多条款都由拿破仑本人亲自参与讨论，最终颁布，基本上总结、归纳了法兰西共和国大革命时期所提出的比较理性的基本原则、精髓。该法典于 1804 年正式实施，即便是在一个多世纪之后，依旧是法兰西共和国的现行法律。法典对德国、西班牙、瑞士等西方资本主义国家的立法产生了重大的影响。在政变结束之后的第三周，拿破仑向人民郑重发布公告，他自豪地宣称："公民们，大革命已经回到了它当初借以发端的初衷，大革命已经结束。"此外，拿破仑还制定了保留至今的国民教育制度以及荣誉军团制度。

戎马一生的国王

尽管后来拿破仑加冕为帝王，但是他的一生却始终和战场息息相关，有很多场战役都给他带来了长远的影响，比如"奥斯特里茨战役"。

著名的奥斯特利茨战役，实际上是在 1805 年 11 月 27 日拉开序幕的。当时，俄奥联军的总兵力已达到 86000 人，其中俄军 53000 人，奥军 33000 人，共有火炮 350 门。根据总司令部的决定，联军将这些兵力分成五路纵队，从奥洛穆茨附近的阵地出发，逐次向东南开进，在布尔诺以东的奥斯特利茨镇及其西南一线展开。12 月 1 日，联军到达战场，迅速占领了普拉岑高地，并作好了全面进攻的准备。

俄奥联军的进攻计划是由联军参谋长魏洛特尔将军制定的，他制定计划的出发点是：法军已经基本上失去了进攻能力，不久就将向维也纳撤退。基于这个判断，计划规定：使用一部兵力牵制法军的北翼，而将总兵力的五分之三放在南翼，预计在普拉岑高地和扎钱湖之间突破对方的防御，尔后迂回法军的右侧，切断通往维也纳的退路，将所有法军聚歼于布尔诺以南和以东地区。

拿破仑日夜盼望的战机终于来到了，他决心孤注一掷。在俄奥联军向前开进和占领阵地的过程中，他不断分析对方的部署和意图，及时做出反应，在有意放弃普拉岑高地之后，还命令法军继续后撤。因此，法军于 12 月 1 日全部退到了战场西缘的哥尔德巴赫河一线。

拿破仑这样做的意图是：首先引诱敌人把主攻方向指向法军防御薄弱的南翼，即普拉岑高地和扎钱湖之间的地段；然后，乘俄奥联军主力南移而中间空虚之机，集中法军主力在中段进行反击，必须不惜一切代价夺回普拉岑高地；尔后，向南卷击，歼灭俄奥联军主力于普拉岑高地和扎钱湖之间。为此，拿破仑决定，要在防线北段集中全部兵力的三分之二，而在南段同样宽的正面上，只配置总兵力的三分之一。

为了实现这一意图，法军作了如下部署：所有部队在大约十公里的地段上组织防御。防线北起布尔诺与奥斯特利茨之间的乡村大道，南至扎钱湖北缘的特尔尼兹村。整个防线分为南北两段，各为五公里正面。在北段的第一线上，配置了拉纳的第五军和贝尔纳多特的第一军，而在两个军侧后方约一公里的地方，也就是北段的第二线上，隐蔽地配置着缪拉的骑兵军和拿破仑的近卫军，此外，还有一个作为预备队的师和法军的大本营。因为有河谷，有丘陵地的遮蔽，第二线部队的配置情况，即使站在普拉岑高地的最高处也观察不到。在南段的第一线上，只配置了苏尔特的第四军，这个防御地段恰好面对着河对岸的普拉岑高地。而在该军右侧后方约五公里的地方，有一座叫雷吉恩的寺院，达武的第三军隐蔽在那里，作为南段的后备部队。这个部署说明，苏尔特和达武两个军的任务将是很重的，他们要像斗牛士那样，用手中的红布把联军引向自己，同时又要保证不能使敌人突破整个防御。

这就是两军在战前的部署情况。人们事后看到拿破仑在选择战场和集中使用兵力方面，确实要比敌人棋高一着。俄奥联军的兵力配置，正是他所期望的，从某种意义上说，也是他运用计谋促成的。当时从整个兵力对比来说，法军仍然居于劣势地位，可是，经过双方的具体部署，局部地区的兵力情况有明显的变化。在南翼法军仅以 1 万多人牵制着联军 4 万多人，而在北翼法军则集中了约 6 万人去对付联军的 4 万多人。法军在局部上形成了优势。

1805 年 12 月 1 日，即奥斯特利茨战役的前一天，拿破仑按照自己的作战惯例，向全军发布了临战前的动员令。他在动员令中指出，面前的俄奥联军是已被法军打败过多次的败军部队，现在，法军所占据的阵地是极为坚强的。如果俄国人和奥地利人迂回我们的右翼，那么，他们自己的侧翼就会暴露在我们的面前。因此，预料法军一定能够取得胜利，并且必将获得和平。

当天夜里，在各个阵地上都大声地向士兵们宣读了这个动员令。在拿破仑作战的惯例中，这又是以往没有过的一件新鲜事。它意味着拿破仑要把自己的意图公开暴露给敌人，并让士兵们知道他的打算。这样做的结果是：敌人以为他又玩弄花招，企图迫使联军改变原定的进攻计划，从而更加坚定了从南冀实施主攻的决心；而法军士兵听到这个动员令则认为是统帅对自己的信任和鼓舞，感觉到统帅把士兵看成是亲密无间的战友，从而表现出对拿破仑更加淳厚的忠诚。

晚上九点钟，拿破仑偕同少数人员视察了大战前的部队。他每到一处，周围的人马上聚集过来，把他团团围住。士兵们把地上的铺草捆成把子，点起火来，在空中摇晃。他们把身穿灰大衣的矮个子统帅围在当中，欢呼着，跳跃着，大声高喊：拿破仑万岁！大军万岁！帝国万岁！无数的火把照亮了夜空，高昂的欢呼声响彻了大地。当时，老兵们一个一个地走出来，恭恭敬敬地向皇帝作保证，请求他不要站在火线上，不必亲临前线战斗，而请他以旁观者的身份观看战斗。据说，有一个老兵讲完话这后，拿破仑问他为什么要这样，这个老兵脱口回答说：因为我们要夺取敌人的军旗与火炮来庆祝陛下的纪念日。经拿破仑这样一询问，士兵们更清楚地意识到，明天正是皇帝加冕一周年的纪念日。拿破仑对此感到非常高兴，他没有掩饰自己的喜悦，在返回大本营的路上，多次对侍卫人员说道，这是他有生以来最荣耀、最有意义的一夜。

1805 年 12 月 2 日，世界近代战争史上最著名的一页揭开了。

东方刚刚发白，浓雾笼罩着战场。73000 名决心以死效忠的法国官兵，已经准备就绪，正在严阵以待。早上七时左右，穿灰色衣服的俄军和穿白色衣服的奥军各自排成密集的队形，展开在大约十二公里的正面，同时向法军发起了进攻。

在战线南段，实施进攻的联军主力进展非常顺利。由于在兵力上占有大约四比一的优势，他们迅速攻克了位于哥尔德巴赫河东岸的特尔尼兹村，进到了西岸的佐克尔尼兹村，迫使法军逐渐向后退却。按照拿破仑的计划，战斗开始以后，就要把联军主力牵制在南段，一旦出现机会，则在中段给以决定性的一击。但是，战斗的进程出乎拿破仑的意料，联军进攻猛烈，以致很快突击到了哥尔德巴赫河西岸。这样发展下去，显然要妨碍拿破仑下一步计划的实行。

为了制止俄奥联军向南段法军的侧后实行迂回，稳定防御阵势，同时也吸引更多的联军投入这个方向，拿破仑命令，配置在该段第二线的第三军迅速投入战斗，从西南方向突击敌人的左侧后方。由于法军的新锐力量突然实施猛烈反击，已经渡过哥尔德巴赫河的联军被迫向河的东岸撤退。

对于联军来说，南翼的进攻遭受一点挫折，进到佐克尔尼兹村的部队暂时撤了回来，完全是无关大局的情况，联军总司令库图佐夫对此是理解的。当时，库图佐夫尽管事实上已被剥夺了指挥权，但他仍带领一个军的兵力，稳坐在普拉岑高地，静观战局的进一步发展，等到了关键时刻再把这支部队拉上去。可是，刚愎自用的沙皇却已按捺不住，他看到联军主力的攻击受挫，进攻部队开始出现后退现象，没有征求库图佐夫的意见，便命令占领普拉岑高地上的这个军放弃阵地，前去增援南翼的联军。他的目的是要保障南翼联军右翼和侧后的安全，同时增强那里的攻击能力。殊不知这样一来，便把联军的整个部署给打乱了。

拿破仑一直等待的时机终于来到。上午九时左右，他透过逐渐消散的晨雾，看到俄军正自动撤离普拉岑高地，于是立即命令第四军以其左翼两个师转入进攻，迅速从普拉岑高地北侧攻占该高地。尽管该军的另一个师正协同右邻第三军抗击着联军的主力，兵力并不雄厚，但由于俄军已经撤出阵地，因而进展顺利，只经过短暂的战斗就占领了这一要地。

普拉岑高地一经失守，亚历山大随即意识到了自己的失策，因而在库图佐夫的协助下，下令将所有的预备队调上来，企图重新夺回这一高地。这样一来，在高地附近展开了激烈的争夺战。双方的骑兵进行了非常猛烈的冲杀。在反复争夺中，俄军一度重新登上高地，但在法国近卫军的轻骑兵及时赶到时又被迫退了下来。尔后，俄军再一次投入骑兵，再一次进行猛烈反扑，眼看法军又有可能被压回来。正在千钧一发之际，贝西埃率领近卫军的一部分重骑兵赶到，并且从俄军的侧翼猛冲过来，致使俄军阵脚大乱。这样，俄军连续四次进行了猛烈反击，结果都被法军打退。到中午十一时左右，即经过两小时的拉锯战以后，俄军终于再也无力对普拉岑高地进行反击了。紧接着，法军转入进攻，把俄奥联军从阵地中央切开，使他们分为互相不能策应的南北两个部分。位于南面的联军主力完全暴露在占领普拉岑高地的法军火力之下。

与此同时，在北段进行的战斗也非常激烈。法军的第五军和第一军在缪拉的骑兵军的配合下，顽强地打退了联军两个军的多次冲击，稳稳地坚守着阵地。而在削弱了联军的进攻能力以后，缪拉的骑兵军和拉纳的第五军果断地进行了反击，把北面的联军赶回到了奥斯特利茨。

联军在整个战线的中部和北部都被法军彻底击溃了，只有南部的主力还被法军第三军和第四军的一部分兵力牵制着，正处在普拉岑高地和扎钱湖之间，在孤立突出的不利态势中。其左翼是沼泽地和湖泊，右翼和侧后受到占领普拉岑高地的法军的威胁，处境更是危急。拿破仑极其敏锐地发现并迅速利用了这一有利时机，他在站稳普拉岑高地以后，很快把火炮调了上去，用以支援法军的全线反攻。

拿破仑指挥法军主力对联军南翼三个军实施了最后的突击。法军呼喊着，顾着高地的斜坡横扫下去。面对这一无法抵挡的洪流，联军很快就溃散了。只有少数人逃往布尔诺方向，大部分被压缩到了扎钱湖和莫尼茨湖之间的沼泽地带。这些人员当中，得路逃生的并不多。他们被赶到了刚刚结冰的湖面上，人马车炮，拥挤不堪；而在这时，普拉岑高地上的法军炮兵开始向湖面进行猛烈轰击。顷刻之间，冰碎炮翻，人员纷纷落水，据说有几千人葬身湖底了。在这样完全被动挨打的情况下，联军士兵无可奈何，纷纷地放下武器，当了俘虏。

联军惨败的局面已经非常明朗了，整个联军的溃散势不可挡。就连弗兰西斯和亚历山大的侍从人员，也都顾不得皇上的安危而把两位至尊丢在路上，各自逃命。也许可以说，是冬天短暂的白昼救了两位皇帝的性命，使他们侥幸地逃出了法军的包围。在激战中，联军总司令库图佐夫负了伤，差一点当了法军的俘虏。

夜幕降临了，一切都结束了。拿破仑在一群元帅、近卫军将军和副官的陪同下，在士兵的欢呼声中，踏着人和马的尸体视察了战场。这一仗，俄奥联军损失了 27000 人和 155 门火炮，其中被俘 15000 人。法军的损失大约只有 12000 多人。

这场世界战争史上都非常著名的战役，法国军队在拿破仑的指挥下，取得了对俄奥联军的决定性胜利。第三次反法同盟随之瓦解，奥地利皇帝也被迫取消神圣罗马帝国皇帝的封号。

自此之后，法国掌握了欧洲大陆的控制权，在中欧地区成立了受法国保护的莱茵联邦，开启了拿破仑从此达 6 年之久的极盛时期。然而，如果从欧洲军事发展史的角度来看这场战役，奥斯特里茨战役已超出了其本身的军事价值。它宣告了警戒线式战略和线式战术的破产，证明了资产阶级法国的军事制度和军事学术的优越性，由此引发出欧洲近代一次影响深远的军事变革。

恩格斯在《奥斯特里茨》一文中曾这样评价奥斯特里茨会战和拿破仑的才能。他写道："奥斯特里茨被公正地认为是拿破仑最伟大的胜利之一，它最为有力地证明了拿破仑是无与伦比的军事天才。因为，尽管指挥失误无疑是同盟国失败的首要原因，但是他用以发现同盟国过失的洞察力、等待过失形成的忍耐力、实施歼灭性打击的决断能力和迅速摆脱失败困境的应变能力——这一切是用任何赞美之词来形容都不为过的。奥斯特里茨是战略上的奇迹，只要还存在战争，它就不会被忘记。"

一代悲歌

尽管拿破仑是军事天才，但是最终却败在自己的野心下。经历了无数的胜利之后，他无时无刻不在想着统治整个欧洲，欧洲大陆上只有俄国没有被他控制，而且拿破仑明白只有把俄国踩在脚下，才能征服英国。1812 年 5 月，拿破仑率领操 12 种语言的 57 万大军远征俄罗斯。俄军坚决抵抗拿破仑侵略，虽然法军一路取得胜利，但是伤亡极其惨重。1812 年 9 月 7 日法军历经博罗迪诺战役后，即将进入莫斯科。俄国统帅库图佐夫力排众议，决心放弃首都，他要拯救另一半俄军的有生力量。

9 月 16 日，拿破仑率军进军莫斯科，此时亚历山大一世和库图佐夫带着俄国高级将领和大部分莫斯科居民已经撤出了莫斯科。拿破仑本以为亚历山大一世将会妥协，却没料到迎接他的却是莫斯科全城的大火。即将到来的寒冬季节与俄罗斯人民坚决不投降，还有此时在国内的马莱将军策划的一场失败的政变，令他不得不赶回法国。俄罗斯的寒冬，是拿破仑的最大阻力，法军不是战死就是冻死，最后回到法国的只有不到 3 万人。

拿破仑在俄国战场惨败后，亚历山大一世野心勃勃，决定马上彻底打败法国，称霸欧洲。但是俄军在追击法军的残兵败将时，自身也受到了极大打击，因此亚历山大一世决定再一次组建反法同盟。

拿破仑为了阻挠反法同盟的成立，通过瑞典王妃黛丝蕾，希望让其夫瑞典王储贝尔纳多特加入法国一方，但是最后失败了。他同时立妻子奥地利公主路易丝皇后为帝国摄政王以牵制奥地利。1813 年大不列颠及北爱尔兰联合王国、俄国、普鲁士、瑞典还是组成了第六次反法同盟，双方在德国境内多次激战。虽然法军在吕岑、包岑等地取得了多次胜利，但是针对拿破仑的压力却是越来越大，短暂停战后，随着奥地利加入反法同盟，联军的力量超过了拿破仑。

8 月，拿破仑在萨克森王国的首都德累斯顿指挥了一场防御战，并取得了胜利。但由于缺少骑兵，未能扩大战果，法军在德意志境内屡屡受挫。自此之后，拿破仑逐渐走下了神坛，最终落得了在大西洋的圣赫勒拿岛慢性中毒而亡。从一代辉煌的君主到最终流放孤岛的囚徒，拿破仑用这样传奇的一生书写了自己的挽歌。

尽管最终拿破仑失败了，但是我们不能否认的是，他的确是个军事天才。他有着卓越的军事指挥才能，在从土伦战役到滑铁卢战役的 23 年时间，他指挥了无数次战役，多次在国内外击退反法联盟的入侵和镇压反动势力的叛乱，进行了七次与反法联盟的战争，而且大多数都打了胜仗，其指挥的数次战役，在军事史上依然有着重要的意义。他持续不断地对外扩张打破了欧洲各国的权力均衡，沉重打击了欧洲各国的封建制度，捍卫了法国大革命的成果，维护了资产阶级利益。